LE FAUBOURG
Sᵀ-GERMAIN.

TOME SECOND.

GÉRARD DE STOLBERG.

L'étude sur les mœurs du faubourg Saint-Germain sera divisée en trois parties :

La 1re s'appelle **GÉRARD DE STOLBERG**, 2 vol. in-18;
La 2e, **MADAME LA DUCHESSE**, 2 vol. in-18;
La 3e, **MADEMOISELLE DE VERDUN**, 2 vol. in-18.

LE FAUBOURG
St-GERMAIN

PAR

M. LE COMTE HORACE DE VIEL CASTEL.

Tome Second.

Bruxelles.
MELINE, CANS ET COMPAGNIE.
LIBRAIRIE, IMPRIMERIE ET FONDERIE.

1857

Amour.

> Enfin, je tombai dans ces filets de l'amour,
> où je souhaitais si ardemment d'être pris.
> Saint Augustin. (*Confessions.*)

XII.

Quand l'heure d'un premier amour vient à sonner dans la vie d'une femme, cette femme sent en elle descendre une nouvelle création, puissante et pleine de feu, qui lui révèle tous les charmants mystères de son cœur. Elle se plaît à plonger dans les deux avenirs que son amour réunit; elle cherche quels saints sacrifices elle pourra faire, comment elle trouvera en son âme assez de forces pour dire sa passion tout entière. Elle l'avoue d'abord à Dieu dans ses prières du soir, longtemps à lui seul elle ose murmurer le nom de son amant. Elle le lui dit avec larmes, avec désespoir, avec gratitude, avec humilité, mais toujours avec amour. Car pour elle, pour une jeune femme, que n'ont point étourdie les vanités du monde, dont l'âme, belle encore de l'œuvre du Créateur, ne s'est point ébréchée aux marches des temples de prostitution, l'amour, quelque coupable que la société puisse le juger, conserve en lui une sainteté, une pureté d'abandon et de sacrifices qui l'unit par des liens intimes aux religions les plus sacrées du cœur. La femme coquette, la femme pensant être demeurée sans péché en n'accordant que ses deux mains aux baisers des hommes qu'elle traîne à sa suite, subira plus rigoureusement les jugements de Dieu que celle qui viendra toute couronnée des roses de son unique volupté, en disant : Pardonnez-moi, Seigneur, pardonnez-moi, car j'ai beaucoup aimé.

Madame de Lucheux, mollement étendue dans son fauteuil, les yeux fermés, immobile comme en un doux songe, écoutait les délicieuses harmonies de ses nouvelles impressions ; elle retenait en sa poitrine les sanglots de bonheur qui bientôt devaient la déborder. Enfin, ses yeux fermés conservaient le souvenir de Gérard prêt à partir, debout devant elle et lui tendant son album. Depuis une heure Gérard était parti, et l'album n'avait pas été ouvert. Julie avait entre ses mains l'aveu d'amour de son amant ; rien ne pouvait le lui ravir, elle en était maîtresse, elle savait, elle devinait ce que renfermait son album. Elle sentait en son cœur de ces folles joies, qu'il faut, pour comprendre, avoir éprouvées. Nul ne vint la troubler dans cette extase, bonheur oublié sur la terre, et comme un souvenir d'une meilleure vie. O mon Dieu ! pensait-elle, à compter de ce jour je suis donc aimée; un autre cœur comprend le mien, ma vie n'est plus isolée ni solitaire ! Et l'album fut ouvert. Avec quelle joie elle parcourut les pages confidentes de l'amour de Gérard ; combien elle fut heureuse d'être tant et ainsi aimée; quelle délicatesse dans cet aveu, quel charme dans ses naïfs détours !

Deux heures s'écoulèrent dans ces pensers. Ces deux heures ne devaient jamais se retrouver dans sa vie; elles étaient ce court instant accordé à chaque existence, récompense ou regrets, joie ou désespoir de l'espérance qui les précède, du souvenir qui les suit.

La nuit vint tout à fait. Julie sonna pour dire qu'elle ne dînerait point, se sentant souffrante, elle ordonna de n'apporter la lumière que vers neuf heures. Elle voulut passer le temps qui lui restait jusqu'à la venue de Gérard dans une solitude et une obscurité complètes. Cette attente ne devait pas être dépouillée de son charme de rêverie ; madame de Lucheux désirait, au contraire, se plonger dans toute la mélancolie de son bonheur, en savourer goutte à goutte le miel le plus pur. Pendant ces deux heures elle vécut une éternité, elle sentit bruire en elle les battements précipités d'un sang plus chaud, les échos d'un sentiment inconnu jusqu'alors ; puis sa pensée, se reportant sur son mari, M. de Lucheux lui apparut revêtu d'une hideur physique et morale sur laquelle son attention ne s'etait point encore arrêtée si complétement. Elle le vit ridicule et égoïste, tyran sans force et sans énergie, accomplissant le mariage comme un acte de bon voisinage, comme un amour chiffré et calculé.

Ce soir-là le marquis de Lucheux fut à tout jamais perdu dans l'esprit de sa femme.

Quand l'aiguille de la pendule marqua neuf heures, une sorte de calme, plein de tremblement, mais sans hésitation, rendit quelque force à Julie. La lampe avait été apportée, sa lumière l'avait ramenée de la fiction à la réalité; puis elle se rejeta dans ses douces illusions de l'espérance. Son âme, ignorante et candide, rêva, comme une possibilité, l'établissement entre Gérard et elle d'un amour tout platonique, sans caresses et sans voluptés ; d'un amour, lien fraternel, amitié par la forme, amour par la pensée. Elle se promit d'interdire à ses lèvres un aveu que sa conduite, que ses regards, que ses attentions de sœur remplaceraient.

Faut-il le dire? elle songea plutôt à un but d'affections égoïstes, en ce sens qu'elle voulut les soumettre aux calculs de son existence de femme du monde; qu'elle ne réfléchit à l'amour de Gérard, qu'elle ne pensa à ce que cet amour pouvait demander de dévouement et de sacrifice, en retour de ce qu'il apporterait de vérité, de constance et d'inébranlable résolution.

Hélas! nous sommes presque tous ainsi faits, une parcelle d'égoïsme se mêle à nos sentiments les plus vrais, à nos dévouements les plus complets, suivant le monde. En amour, en amitié, nous ne souffrons pas la discussion de notre manière de comprendre ces deux sentiments; nos exigences nous semblent découler naturellement de la nature de nos affections, que nous demandions ou que nous refusions; il nous est impossible de comprendre que notre volonté, notre pensée, ne soient pas adoptées.

Madame de Lucheux n'entreprit ni de calculer la conversation qui allait avoir lieu dans quelques instants, première épreuve de sa vie du monde, ni de méditer sa contenance et sa réponse, tant il lui parut impossible qu'elle ne demeurât pas maîtresse de cette conversation par le moindre signe de volonté. Vers neuf heures et demie, son oreille attentive fut frappée par le bruit de la porte cochère qui se refermait ; alors, non par calcul de coquetterie, mais par crainte de laisser lire dans l'expression de ses traits plus qu'elle ne voudrait donner à connaître des secrets de son cœur, elle plaça la lampe sur une petite table, presque dissimulée derrière son fauteuil, et servant à supporter un vase de fleurs.

Au moyen de cet arrangement, une sorte d'obscurité vaporeuse régna dans la partie du salon occupée par madame de Lucheux ; les clartés de la lampe, brisées et divisées par les feuilles et les tiges des fleurs ne pénétraient que bien faibles jusqu'à la cheminée, dans laquelle se consumait un chaud et vaste brasier sans flammes.

Protégée contre l'ardeur du foyer par un écran à pieds, et tournant le dos à la lumière, Julie se vit en sûreté contre la surprise d'un coup d'œil. Courageuse à l'abri de ce rempart d'obscurité, elle s'établit, confiante et téméraire, dans cette sorte de citadelle, et sentit avec plus de joie que de crainte les palpitations croissantes de son cœur.

La porte du salon s'ouvrit enfin, et Gérard fut introduit. Il était pâle et plein d'hésitations.

Absorbé par sa pensée intérieure, son regard errant indiquait la préoccupation vive de son âme. Tous ses mouvements se montraient empreints de gaucherie; Gérard se sentait faiblir en présence du combat; la peur de l'entamer ou d'y échouer le saisit d'une telle façon, qu'il lui vint un moment l'idée de le déserter. Mais cette hésitation ne dura qu'un instant; ses yeux se fermèrent; il se recueillit: et avec la réflexion lui revint le courage. Madame de Lucheux, mettant une confiance aveugle en ces habiles remparts, dont la sûreté lui semblait si bien calculée, l'observait sans terreur; enivrée d'une joie bien dissimulée, elle avait contemplé son hésitation, ses craintes; elle avait suivi les combats rapides qui se succédaient en lui; mais quand elle l'aperçut, dépouillant toute peur enfantine, s'avancer vers elle d'un pas lent et ferme, à son tour elle sentit sa confiance s'évanouir, sa figure pâlit, et ses remparts, construits avec tant de confiance, lui semblèrent une prison, qui la livrait tout entière à Gérard. Sa force intérieure, ses raisonnements n'existaient plus; elle allait entendre l'aveu d'amour de Gérard : et son cœur l'avertissait qu'aucune précaution n'aurait assez de force pour l'empêcher de se trahir.

Ainsi qu'avant de commencer un combat

mortel, deux adversaires s'arrêtent un moment et mesurent de l'œil et du jugement la gravité des périls dans lesquels ils vont s'engager; de même Gérard et Julie, en présence l'un de l'autre, et se touchant presque, s'arrêtèrent, dominés tous deux par une puissante émotion. Il semblait à tous deux que leur vie allait être jouée à quelque jeu de hasard. Ce moment d'arrêt, cette dernière hésitation, dura un instant bien court. Julie avait pâli de toutes ses craintes, Gérard parut animé de toute son espérance et de la ferme volonté d'une résolution inébranlable.

— Madame, dit-il à Julie, vous avez voulu connaître ma préoccupation, ou ma douleur, j'ai longtemps hésité à vous ouvrir ma pensée ; mais vous avez commandé, et je viens obéir.

A ces mots la marquise de Lucheux se dressa devant Gérard, comme soulevée par une commotion électrique ; ses lèvres tremblaient, sans prononcer aucune parole.

Gérard, violemment agité, prit le bras blanc et délié qu'elle tendit, et, d'une voix lentement saccadée par les battements de son sang, il continua :

— Vous avez voulu savoir, madame, la cause de mes tristesses, de mon absence, de mon abattement ; c'est vous qui m'avez commandé de parler. Et maintenant rien ne m'empêchera de me dévoiler à vos yeux.

Madame de Lucheux devint de plus en plus tremblante et pâle.

— Enfin je laisserai de côté toute dissimulation. Écoutez-moi, et vous allez tout connaître. Le regard de Gérard projetait une si magnétique influence, que Julie fut au moment de lui dire, en tombant inanimée entre ses bras : Oui, Gérard, moi aussi je vous aime.

Un dernier éclair de sa naïveté pure lui arracha une dernière défense. Elle dégagea son bras que Gérard tenait toujours serré entre ses doigts contractés, et levant vers lui deux mains suppliantes :

— Au nom de mon père, lui dit-elle, ne m'avouez rien, ne me racontez rien ; au nom de mon repos...

Il y avait dans le geste et les paroles de madame de Lucheux un tel accent de prière vraie, une telle expression de terreur, une émotion si violente, que Gérard s'arrêta vaincu devant ce qui lui parut une résistance insurmontable, et comme après ces mots, entrecoupés de sanglots secs et nerveux, madame de Lucheux était retombée sur son fauteuil, cachant sa figure entre ses mains, son amant, le cœur brisé, demeura devant elle, muet et recueilli. L'appel fait au nom de son repos par une femme si tendrement aimée lui imposait, quelque aveu d'amour qu'il contînt, une générosité de silence, que son âme, jeune et noble, ne put et ne voulut méconnaître.

— Je me tairai, madame; je me tairai, Julie, prononça-t-il plus bas et avec douceur; je ferai plus, je partirai ; car je ne me sens pas la force qu'il faudrait avoir pour garder cette promesse de silence ; je partirai, et vous vous souviendrez de moi, qui ai préféré supporter seul mes chagrins, à l'idée de troubler votre repos, dans l'espérance de vous les voir adoucir. Adieu ; si vous avez jamais eu pitié d'un cœur brisé, plaignez-moi.

Madame de Lucheux tenait encore son visage caché entre ses mains, et déjà Gérard de Stolberg n'était plus dans l'hôtel. Il était parti, sans serrer la main de cette jeune femme qu'il pensait perdue pour lui; sans déposer sur son front un baiser, gage d'alliance et d'amour fraternel; il n'avait rien voulu prendre d'un bonheur qui lui échappait, il n'avait rien voulu sauver du naufrage de ses riantes illusions. Il s'était stoïquement plongé dans son désespoir en mesurant toute sa profondeur, et, par un raffinement de sentiments naturels à son âge et à son caractère chevaleresquement amoureux, il avait résolu de conserver à ses lèvres la virginité d'un amour que son cœur devait enfermer comme en un tombeau.

Pour accomplir ce sacrifice, qu'il sentait dépendre de sa propre volonté, pour résister à l'aveu d'un amour qui ne lui eût pas été refusé, Gérard sortit sans tourner la tête une seule fois, évitant d'arrêter son regard en signe d'adieu, sur cette chambre, dans laquelle il était entré avec de si fortes palpitations. Le vent de la nuit, le frappant au visage quand il fut dans la rue, le fit revenir à lui; alors il s'arrêta pour contempler une dernière fois les fenêtres éclairées de madame de Lucheux. Une larme bien amère tomba de ses yeux: et vers minuit il frappait à la porte de sa maison, murmurant d'un accent douloureux: Mon Dieu! c'était donc ainsi...

Curiosité, indiscrétion.

> Mais ce n'est pas assez de ne dire que des choses vraies,
> il faut encore ne pas dire toutes celles qui sont vraies.
> — Pascal. *Les Provinciales.*

XIII.

Les journées qui suivirent cette première scène du drame d'amour furent pour madame de Lucheux pleines d'heures poignantes et douloureuses, pendant lesquelles elle attendit vainement Gérard; elle ne pouvait croire à son abandon; elle ne pouvait penser que tout cet amour, empreint dans ses moindres paroles et jusque dans ses gestes, se fût évanoui. Elle était sûre d'être aimée, et sa prière au moment où Gérard allait lui révéler les secrets de son cœur, sa prière si émue, cet appel fait à l'honneur,

aux sentiments chevaleresques du jeune homme:
« Au nom de mon repos, ne m'avouez rien, ne
« me racontez rien : au nom de mon repos... »
était, puisqu'il faut révéler les secrètes volontés
de son cœur, un essai de son nouveau pouvoir,
plus qu'un désir impérieux de sa terreur. Ce
cri d'effroi, jeté dans la lutte de leurs deux passions, appartenait tout à la fois à la jeune fille
et aux craintes vagues qui l'assaillent à l'approche d'un premier amant, comme il appartenait également à ces coquetteries instinctives
qui poussent la femme la moins rusée à s'assurer
de son empire.

Julie avait été heureuse et fière du pouvoir
de sa parole, de son regard, de sa supplication.
Elle avait admiré comment toute la force et
toute la passion de Gérard s'en étaient trouvées
surmontées; mais après cette première joie d'orgueil, car il n'est que trop vrai que surtout en
amour la vanité de l'orgueil est une des premières qui se glissent au cœur, Julie ne voulut
pas penser que sa demande serait prise formellement à la lettre. Elle se flatta de voir revenir
plus ardent, plus amoureux, plus dominé par
sa passion, celui qu'elle avait presque relevé
de ses pieds où il s'inclinait.

Les journées et les soirées se succédaient,
cependant Gérard ne reparaissait plus à l'hôtel

de Lucheux; personne ne le voyait, ni aux promenades ni aux spectacles ; aucun des échos de Paris ne répétait quoi que ce fût de lui.

Madame de Lucheux n'osait plus envoyer chez lui; son imagination, son désir de le ramener près d'elle, ne pouvaient trouver un prétexte pour lui écrire. Alors elle se mit à l'attendre, et il lui semblait que chaque coup de marteau frappé sur la porte de son hôtel dût annoncer son arrivée; elle supporta d'abord cette attente avec courage; puis vint le désespoir, puis le regret d'avoir repoussé l'aveu de Gérard, puis enfin la crainte d'avoir paru froide ou insensible.

Si Gérard se fût montré tout à coup, s'il eût recommencé cet aveu interrompu, madame de Lucheux n'eût plus rien disputé, n'eût plus rien caché; mais il était parti, il n'en fallait plus douter, et il était parti pour ne pas revenir, le cœur plein de désespoir.

Un matin le comte de Jumiéges vint faire une visite; il resta longtemps, causant de choses insignifiantes, s'enquérant, sans avoir l'air d'y attacher aucune importance, des occupations, des plaisirs, des études de la jeune marquise; il s'appesantit sur le bonheur que procure l'étude des arts, sur le charme inappréciable que l'on goûte à pouvoir entremêler le dessin et la musique; il loua beaucoup quelques aquarelles encadrées, et feuilleta des cahiers de romances. Enfin, par une brusque et inopinée transition, il jeta tout à coup dans la conversation d'un ton de parfaite indifférence :

— Y a-t-il longtemps, madame, que vous n'avez vu M. de Stolberg?

Madame de Lucheux se sentit rougir, et balbutia plutôt qu'elle ne répondit :

— Oui, monsieur, il y a longtemps.

— Il est vraiment dommage, reprit le comte, que des affaires d'intérêt le forcent à repartir pour l'Allemagne; ce sera une perte pour la société. Son esprit et son langage s'y étaient promptement francisés, et peu de jeunes gens possèdent comme lui l'esprit incisif de la conversation.

— Mais doit-il donc partir bientôt? je l'ignorais totalement.

Un léger tremblement dans la voix révéla toute l'agitation de la marquise.

— Je pensais, madame, que vous deviez être instruite de son départ. M. de Lucheux et lui se livrèrent à des travaux scientifiques, et chaque jour, m'a-t-on dit, ils passent des heures entières enfermés dans la fameuse bibliothèque d'autographes.

— M. de Lucheux est absent depuis quelques

jours ; à son retour il sera désolé de ce départ que nous ignorions ; mais peut-être M. de Stolberg n'aura point encore quitté Paris lors de l'arrivée de M. de Lucheux.

— J'en doute fort, madame, à moins que M. de Lucheux n'arrive ce soir ; j'ai vu ce matin même M. de Stolberg ; demain à midi il aura quitté Paris.

— Sait-on, répondit la marquise en faisant bien des efforts pour paraître calme, le motif d'un départ si précipité ?

— Non, madame ; Gérard m'a donné seulement à entendre que des affaires urgentes le rappelaient dans son pays. Depuis quelque temps je lui trouvais l'air triste et chagrin ; son humeur était changée, il ne paraissait plus nulle part : on le prétendait amoureux.

La marquise rougit et pâlit dans cette conversation qui la torturait profondément.

— Ce doit être quelque amour malheureux, dit M. de Jumiéges, sans paraître faire attention à l'émotion de la marquise.

— Nomme-t-on, répondit enfin madame de Lucheux, l'objet de cet amour malheureux ?

M. de Jumiéges se tut un instant : puis ses paroles, jetées lentement et pesamment, comme une sonde destinée à lui faire connaître la solidité du terrain sur lequel il s'avançait, tombèrent de tout leur poids sur le cœur de Julie.

— Pas positivement, madame, on n'a que des soupçons.

La conversation ne fut pas poussée plus loin sur ce sujet. Le comte de Jumiéges était trop habile pour insister, quand il voyait si facilement l'agitation de la marquise de Lucheux. Qu'avait-il besoin de prolonger une épreuve déjà complète pour lui? Cependant il ne put résister au désir de tourmenter encore par un mot la pauvre jeune femme qui lui servait de patient; il ne put résister à la tentation de faire crier sa douleur une fois de plus sous son habile investigation.

La conversation avait pris un autre tour. Il n'était plus question de Gérard; et la marquise, sans être calme, le paraissait. Tout à coup le comte de Jumiéges, par une manœuvre adroitement calculée, s'avança près de l'album dans lequel Gérard avait écrit son histoire. Le comte le reconnut parfaitement pour celui qu'il avait vu entre ses mains. Il le prit avant que la marquise de Lucheux, distraite et préoccupée, pût se douter de son intention; mais il se contenta de l'examiner extérieurement, sans l'ouvrir, admirant les fermoirs de bronze doré et la reliure, et le bon goût de son élégance.

Voyant que madame de Lucheux ne portait

aucune attention, ni à sa manœuvre, ni à toutes les peines qu'il se donnait pour la lui faire remarquer, le comte de Jumiéges vint se placer sur une chaise tout proche de son fauteuil, et lui demanda s'il n'y avait aucune indiscrétion à feuilleter le délicieux album, dont l'entourage seul lui paraissait une merveille.

Arrachée à sa rêverie par cette demande, et voyant déjà son album entre les mains du comte de Jumiéges, Julie ne fut pas maîtresse d'un mouvement brusque et empreint de terreur.

— Non, dit-elle, non; personne n'ouvre mon album, monsieur, personne ne s'initie à mes folles rêveries, à mes intimités de pensée. Ce livre est pour moi toute seule.

Si le comte de Jumiéges avait pu jusque-là conserver quelques doutes, s'il avait pu hésiter à reconnaître toutes les apparences de l'amour dans la conduite, le trouble, la rougeur de madame de Lucheux, son dernier mouvement, par lequel elle s'était pour ainsi dire précipitée sur son album, devint pour lui une conviction profonde, une preuve irréfragable. Aussi, n'ayant plus rien à observer, plus rien à surprendre, prit-il bientôt après congé de la marquise de Lucheux.

Une seule chose était pour lui demeurée un mystère, une seule chose avait échappé à sa terrible inquisition.

Pourquoi diable Gérard part-il, puisqu'il est aimé ? se répétait-il, espérant trouver le motif de ce départ.

Mais aucune supposition admissible ne lui venant à la pensée, il cessa de s'en occuper pour aller colporter de salon en salon la nouvelle positive de cette liaison de Julie et de Gérard, et raconter la scène de l'album, embellie de tout ce qu'il ne savait pas. Le soir même de ce jour, chacun se disait à l'oreille : Gérard de Stolberg est l'amant en titre de la marquise de Lucheux.

Quelques hommes, furieux d'avoir été prévenus près de cette jeune femme, se mirent à plaindre le marquis, à exalter ses vertus, ses qualités, sa sensibilité. Dans ce premier paroxysme de fureur, on en fit un homme parfait, alors on s'étonna de l'ingratitude de la marquise.

D'autres qui, après avoir eu trente maîtresses, toutes abandonnées successivement, se reposaient, dans les douceurs de la médisance, des fatigues de leur jeunesse, jurèrent que la corruption faisait des progrès effrayants.

D'autres enfin, de ces femmes qui n'ont jamais d'amant en titre, mais vivent au jour le jour sur le fonds commun, se contentèrent de la nommer folle, et sourirent d'une pitié dédaigneuse.

Cependant toute cette société, si gendarmée, si vertueuse, si morale, se promit d'inviter les deux amants pour les observer de près. Il fut convenu qu'on se les arracherait comme un roman nouveau ; on entendit même la baronne de Gerussac, petite femme, courte, laide et passablement méchante, prude, pour être quelque chose, croyant avoir été jolie, et pensant être demeurée très-spirituelle, demander qu'on lui présentât Gérard de Stolberg. Je suis curieuse de le connaître, dit-elle, s'il a de l'esprit ; je ne serais pas fâchée de l'accaparer pour mes *routs* de causerie ; les gens d'esprit deviennent si rares, personne aujourd'hui ne vous comprend.

De prétendus amis, pour avoir le plaisir des confidences, se promirent le droit du conseil.

Tandis que le faubourg Saint-Germain se préoccupait, s'agitait de l'amour naissant de la marquise de Lucheux, celle-ci, tristement retirée en sa chambre, seule, pensive, le cœur serré, et des larmes dans les yeux, relisait pour la dixième fois une lettre qu'elle venait de recevoir de Gérard ; elle se sentait abandonnée, elle voyait brisé tout l'avenir de bonheur qu'elle avait entrevu un instant. Gérard était parti, en lui laissant ces quelques phrases, dernier adieu de son amour :

« Vous m'avez défendu, au nom de votre
« repos, de vous révéler mon cœur ; je vous
« ai obéi, madame. Vous m'avez fait une loi du
« silence ; quelque dure que soit cette loi,
« je ne l'enfreindrai point.

« Je pars, madame ; je vous quitte pour avoir
« la force de vous obéir ; pensez quelquefois
« à ce qu'il m'a fallu de courage pour fuir une
« amitié que vous m'aviez accordée si bonne et
« si douce.

« Adieu, madame ; si quelque événement
« heureux dans ma vie me ramène près de vous,
« laissez-moi l'espoir que vous n'aurez point
« oublié combien je vous suis et serai toujours
« sincèrement et profondément dévoué.

« GÉRARD DE STOLBERG. »

Cinq ans après.

> L'absence est le plus grand des maux.
> LAFONTAINE.

XIV.

Cinq ans après les événements qui font le sujet des chapitres précédents, un voyageur entrait en poste dans la ville d'Aix-la-Chapelle, par la porte de Cologne. Ce voyageur était jeune encore, mais de graves peines ou de fortes inquiétudes avaient dû s'appesantir sur sa tête, car ses traits portaient l'empreinte de cette prématurée vieillesse, qui, sans ôter totalement la jeunesse du visage, lui imprime quelque chose de plus sévère et de plus recueilli; sa tête, fortement caractérisée, conservait cependant une assez belle chevelure brune, les tempes seules, légèrement dégarnies, révélaient une habitude de souffrances, la fatigue de longs travaux, ou la méditation profonde d'une pensée solitaire et malheureuse.

Ce voyageur témoignait, par une impatience presque fébrile, combien il était pressé d'arriver au but de son voyage ; nulle curiosité ne lui fit arrêter son regard ni sur le pays qu'il traversa, ni sur les chemins qu'il parcourut avant de descendre place du *Compesbad* à l'hôtel du Dragon-d'Or ; on aurait pu croire, à le voir ainsi hâtant sa course, insoucieux des lieux et du paysage, qu'une mission diplomatique de la plus haute importance réclamait seule toute son attention ; à peine eut-il quitté sa voiture, à peine eut-il été installé dans un appartement retenu d'avance, qu'il demanda la liste des étrangers venus à Aix-la-Chapelle pour profiter de la saison des eaux.

Ils étaient nombreux, et jamais la ville impériale de Charlemagne n'avait, si ce n'est à l'époque du fameux congrès de 1818, réuni une société mieux choisie et plus brillante ; il semblait que la noblesse de France et celle d'Allemagne s'y fussent donné rendez-vous ; les bals, les spectacles, se succédaient sans interruption ; les promenades au Lousberg, à Borcette, à Laurensberg et au charmant ermitage de Cornelymunster, donnaient lieu à mille cavalcades; cette année-là Aix-la-Chapelle vivait, souriait, s'animait; les beaux chevaux et les magnifiques équipages se croisaient dans ses rues comme pendant les jours de printemps dans la grande avenue des Champs-Élysées.

La liste des étrangers fut enfin remise au voyageur descendu à l'hôtel du Dragon-d'Or; il la parcourut avidement, ayant plutôt l'air d'y chercher un nom qu'il savait devoir y trouver, qu'avec le désir de découvrir, par un hasard heureux, quelques connaissances à inscrire sur ses tablettes pour ses visites d'arrivant. La liste était longue, et l'impatience du voyageur augmentait à chaque page; après une recherche de quelques minutes, ses yeux s'arrêtèrent sur un des derniers noms inscrits; une vive expression de joie brilla sur ses traits, et sa poitrine sembla respirer plus librement.

— Monsieur, dit le voyageur au maître de l'hôtel, pouvez-vous m'indiquer le logis du marquis de Lucheux ?

— Le marquis et la marquise de Lucheux demeurent ici dans cette maison, ils occupent l'appartement à côté du vôtre, monsieur; mais ils viennent de partir pour aller se promener sur les boulevards.

— Très-bien, je vous remercie. Prévenez-moi, je vous prie, quand ils seront de retour.

— Sous quel nom, demanda le maître d'hôtel, faudra-t-il inscrire monsieur ?

— Inscrivez, répondit le voyageur, le comte Gérard de Stolberg; je vous remettrai tout à l'heure mon passe-port. Jusqu'à ce soir, je vous prie, ne donnez mon nom à personne, je désire me reposer, et je ne veux aucune visite.

Quand Gérard de Stolberg se trouva seul, une violente émotion s'empara de toute sa personne. Enfin, après cinq ans il allait donc retrouver l'amour si pur de ses premières années; il allait comme renaître en présence de la seule femme qui eût fait battre en son cœur une passion que rien depuis ce temps n'avait, non-seulement pu éteindre, mais n'avait même pu effleurer ou diminuer. Cinq années s'étaient écoulées. Le cœur de Gérard, voué à son premier amour, était sorti pur de cette épreuve du temps et de l'absence. Gérard croyait à l'amour de madame de Lucheux; il se sentait soutenu par sa foi en une communauté de sentiments, de peines et d'espérances; cinq ans il avait supporté les tourments d'un exil ordonné par la prière; mais au bout de cinq années il apprend au fond de l'Allemagne, où végétait sa triste jeunesse, où s'usait la naïve et première exaltation de son âme, il apprend que le marquis et la marquise de Lucheux doivent venir passer la saison des eaux à Aix-la-Chapelle. Alors, à ce moment, aucuns scrupules, aucune puissance, ne peuvent le retenir; il se trouve dégagé de cette espèce de serment de fuite qu'il jura.

Madame de Lucheux lui paraît venir à sa rencontre.

Ainsi que jadis elle semblait l'éviter, ainsi que jadis, à mains jointes, elle le pria de s'éloigner et de se taire, pour ne pas lui ravir son calme et son repos; de même aujourd'hui ce retour, ce rapprochement, viennent d'elle seule.

Elle a mis son pied sur le territoire de l'Allemagne, elle s'avance vers son amant exilé; il faut alors que des chagrins, d'amères tortures aient déchiré son cœur; il faut que ce calme et ce repos, pour lesquels, à mains jointes, elle avait supplié, soient bannis de son âme; si la marquise de Lucheux vient au-devant d'une passion qu'elle a voulu étouffer, sans doute l'espoir de la ressaisir comme une ancre de salut, au milieu des peines qu'elle endure, est entré dans son cœur.

Madame de Lucheux en Allemagne!... Il semble à Gérard de Stolberg entendre la voix douce de cette jeune femme faire retentir à ses oreilles : Au secours! à moi, Gérard, sauvez-moi! Mais cette fois il n'a plus la timidité du premier aveu, cette fois il a goûté la coupe de l'expérience, il vient vers Julie, Julie, sa torture de cinq années, décidé à tout éclaircir ; ce n'est plus l'adolescent tremblant sous le bonheur de sa première illusion, généreux jusqu'au suicide, pour obéir à la femme qu'il aime, craignant de la blesser par un aveu, et peureux à l'idée d'affronter son regard : le malheur, l'isolement, la réflexion, ont mûri l'amour, les désirs et le vouloir de Gérard.

Hasard ou volonté, Julie vient au-devant de moi, pense-t-il. Fatalité ou bonheur, peu m'importe, je jouerai la volupté de mes illusions sur cette chance ; je veux attendre de ses lèvres un mot d'amour, un aveu ; je veux sentir sur mes lèvres la fraîcheur brûlante des siennes, ou...

Il n'achève pas. Gérard est arrivé à cet âge de la vie de l'homme où l'amour le plus passionné, le plus vrai, découvre l'intime affinité de l'âme et des sens, et comprend qu'il ne peut y avoir d'amour complet, d'amour vraiment grand, d'amour vraiment sublime, que celui qui, avec la conscience de sa faute, avec la prescience des malheurs qui peuvent l'accompagner, se sent assez grand, pour l'accomplir de toute la force d'un sacrifice volontaire.

Gérard est arrivé à cet âge où l'âme aussi a des sens, où l'âme désire, où l'âme, autant que l'homme au moins, veut posséder, veut assouvir sa soif d'amour; car il semble qu'au milieu de l'expression la plus haute des voluptés humaines, le cœur ait encore un dernier secret d'amour à connaître, quelque chose d'immatériel à surprendre pendant cette puissante exaltation des sens.

Gérard de Stolberg n'a plus cet amour plein de faiblesses et d'indécisions, payé par cinq ans d'exil; il est arrivé, décidé à tout braver pour obtenir un aveu, à risquer ses espérances, ses espérances, heureuses rêveries de ses années perdues! pour un mot qui termine ses angoisses et ses doutes! Un seul instant il ne lui est pas venu en l'esprit qu'il pût être oublié par Julie, remplacé près de Julie. Oh! non, ce doute, cette pensée, il se les reprocherait. Non, il n'est point oublié; tous deux rougiront encore, comme jadis, en se voyant; ils reprendront toutes leurs impressions, qu'un laps de cinq années n'aura pu affaiblir; ils se retrouveront pleins de force, de foi et d'amour. Douter de madame de Lucheux!.... Gérard ne sait pas encore que le doute est le compagnon, l'hôte de tous les cœurs habités par une croyance quelconque en nos tristes jours de scepticisme.

Depuis cinq ans, Gérard a eu à débattre de tristes affaires d'intérêt, il a fait l'apprentissage des misères humaines. La mort a visité sa famille coup sur coup, il s'est vu enlever son père et sa mère, il a perdu les affections dont sa jeunesse avait été bercée; maintenant il est seul au monde, aucun appui, aucune affection n'est demeurée près de lui; il chemine seul à travers les sentiers difficiles qui lui restent à parcourir. Mais cette solitude lui pèse, ce manque d'affections brise son cœur; il songe aux douces soirées de l'hôtel de Lucheux, à l'amour pur dont il y emplissait son cœur. Il repasse minute à minute les heures de ces innocents rendez-vous : la prière de Julie, cette demande de la fuir, sont pour Gérard autant d'aveux qu'il ne méconnaît plus. A tout prix il retournera à Paris; il veut partir, mais il apprend le voyage du marquis et de la marquise de Lucheux. Ses pas se tournent alors vers Aix-la-Chapelle; il est impatient d'arriver, il est impatient de connaître son sort, de lire son avenir, que seule peut lui dévoiler Julie de Maulaincourt.

Depuis deux heures Gérard est seul, marchant à grands pas, repassant en sa mémoire ses craintes et ses espérances, comprimant avec peine les battements accélérés de son cœur, bientôt il va revoir la seule maîtresse de son amour, le seul ange rêvé dans ses nuits les plus heureuses. Quelquefois il s'arrête, il écoute, il regarde ; le moindre bruit le trouble, il se sent faible comme un enfant ; la joie, le bonheur l'inondent ; il a des larmes dans les yeux, il a des tressaillements qui lui rendent le repos impossible.

Il est enfin dans la ville habitée par madame de Lucheux ; il respire l'air qu'elle respire ; ses yeux fixent tout ce qu'elle a fixé ; le même toit, bonheur encore inéprouvé, protégera leur sommeil.

Il est de ces heures dans la vie, heureuses entre toutes les heures heureuses, fortunées entre toutes celles qui demeurent gravées en la mémoire : ces heures précèdent un bonheur espéré, rêvé, attendu pendant de longues années ; ces heures revêtent une poésie de douce et tranquille inquiétude, une agitation pleine de ravissantes prévisions, elles sont comme le crépuscule matinal, l'aurore d'un beau jour de printemps, la terre garde encore de la nuit la fraîcheur, le silence et cette demi-obscurité que n'a point chassée le soleil absent de l'horizon, les fleurs pleines de rosée ouvrent les portes de leur calice aux parfums qu'elles semblent avoir retenus pendant la nuit, les oiseaux s'éveillent, les arbres commencent à bruire, l'insecte s'agite dans l'herbe, l'homme repose sous son toit de chaume, la nature, en l'absence de son roi, salue le Créateur et prélude à la prière des églises, aux oraisons des villes, des villages et des campagnes, par un concert magnifique de musiques harmonieuses.

Ainsi s'éveillait le cœur de Gérard; ainsi, prêt à revoir madame de Lucheux, Gérard écoutait en lui les harmonies ineffables de l'amour murmurantes comme le réveil des oiseaux, comme le mouvement de l'insecte dans les hautes herbes, comme les premiers soupirs du feuillage au premier vent du matin; il respirait le parfum de cette fleur de la solitude, et la rosée du matin de son amour tombait goutte à goutte de ses yeux en larmes délicieuses.

Une voiture se fit entendre; c'était Julie, c'était la femme aimée d'un amour si vrai, si profond. Gérard se précipita vers la fenêtre, et, comme il se penchait pour la voir, une voix intérieure retentit en lui qui lui cria: Voici le jour.

Conversation.

> Quel est l'état du monde où l'on soit exempt de toute dépendance ?
> BOURDALOUE.

XV.

Gérard attendit que la soirée fût venue, pour se faire introduire chez madame de Lucheux. Quand il fut parvenu à la porte du salon où se tenait toute son espérance, il ne laissa pas le temps au domestique de l'annoncer. Il se saisit lui-même du bouton de la porte, l'ouvrit, et, sans prononcer une seule parole, il s'avança jusqu'au fauteuil de Julie; elle était seule en ce moment. L'obscurité qui régnait fit qu'elle lui demanda, croyant parler à un domestique, d'apporter de la lumière. Quelques secondes de silence suivirent cette demande, puis Gérard répondit d'une voix basse et émue :

— Pardonnerez-vous, madame, à un ancien ami de s'être introduit si brusquement près de vous?

Julie, par un mouvement impossible à réprimer, laissa sortir de sa poitrine un cri dans lequel il entrait autant de surprise que de joie.

— Monsieur de Stolberg! quel hasard, quelle heureuse rencontre! vous à Aix-la-Chapelle?

— Ce n'est point un hasard, madame; ce n'est nullement un hasard. J'ai appris dans ma retraite que vous aviez mis le pied sur notre terre d'Allemagne, et je suis accouru pour vous en faire les honneurs.

— Je suis enchantée de vous voir, monsieur de Stolberg; M. de Lucheux en sera ravi. Vous nous servirez de *cicerone*, car nous sommes les gens les plus embarrassés du monde toutes les fois qu'il s'agit de sortir de la ville; notre français ne nous est d'aucun usage.

Gérard se sentit blessé du ton léger de madame de Lucheux. Il eût voulu la trouver, ou plus émue, ou plus embarrassée; il lui eût même pardonné de la froideur; mais cette sorte de gaieté sans souvenirs, ce langage de politesse mondaine, dont elle se servait avec lui, lui, Gérard, souffrant pour elle depuis cinq ans!...

— Vous attendiez-vous, madame, à me rencontrer pendant votre excursion en Allemagne?

Répondez-moi franchement, vous souveniez-vous encore que j'existasse?

Il y avait quelque chose de si profondément douloureux dans le son de voix de Gérard, en disant ces mots, que madame de Lucheux, abandonnant ses manières de femme du monde, se rapprocha de lui par un mouvement gracieux et lui répondit presque bas :

— M. de Lucheux l'espérait un peu; moi, j'y comptais tout à fait.

Cette réponse effaça du cœur de Gérard les sentiments pénibles qui s'y étaient amassés. Il osa prendre la main de Julie, et pour la première fois il la tint serrée entre les siennes. La jeune femme ne fit point d'efforts pour lui ôter cet instant de joie et de bonheur; elle s'abandonna elle-même à la joie qu'elle éprouvait.

— C'est un bonheur pour moi, disait-elle d'un son de voix si bas, si harmonieux, si doux, qu'il ressemblait presque à un aveu d'amour; c'est un bonheur pour moi, monsieur de Stolberg, que cette rencontre; vous ne savez pas comme je suis seule, isolée et triste de ma solitude et de mon isolement. Aix-la-Chapelle réunit cette année une grande foule de visiteurs, mais parmi cette foule personne qui me connaisse, personne qui me convienne, personne dont la société puisse avoir le moindre charme pour moi. Je me promène seule avec M. de Lucheux, je passe mes soirées seule avec lui, et vous vous rappelez peut-être que ses autographes sont bien plus avant dans ses affections que moi. Nous menons, enfin, une vie très-ennuyeuse, monsieur de Stolberg. Vous demander de vous y associer, c'est vous imposer un sacrifice.

— Pouvez-vous le penser, madame? répondit Gérard; non, vous ne l'avez pas pensé un seul instant. Pour vous, pour passer quelques jours avec d'anciens amis, j'ai quitté ma retraite. Plus ces amis vivront solitaires et loin des bruyants plaisirs d'une ville de bains, plus je pourrai jouir de ces courts instants de réunion. Vos promenades, vos soirées deviendront aussi les miennes. Je connais Aix-la-Chapelle et ses environs : nous les parcourrons ensemble, si vous m'acceptez pour compagnon dans vos excursions. J'inscrirai cette année parmi les années heureuses de ma vie.

— Ne vous ai-je pas nommé mon cicérone? reprit en souriant madame de Lucheux, à moins que vous ne préfériez vous faire celui de mon mari, en quête d'autographes depuis le moment où il se lève jusqu'à celui où il se couche.

— Non, assurément, madame, non; je suis très-malade, et le grand air m'est ordonné, dit

Gérard gaiement, car la joie lui était revenue, car les espérances, ces frêles barques insoucieuses des mers, enflaient de nouveau leurs voiles au souffle de la plus faible brise.

A ce moment, un domestique apporta une lampe; Julie et Gérard purent se voir, leur yeux se rencontrèrent, procédant à cette investigation, à ce collationnement d'un signalement gardé en la mémoire. Ils rougirent tous deux, Gérard laissa retomber la main de Julie qu'il tenait dans les siennes, oubliée depuis l'instant où il s'en était emparé. Julie éloigna son fauteuil; il se fit un moment de silence. Ce silence fut employé par tous deux en observations.

Julie n'était plus cette jeune femme ignorante du monde, incertaine et timide, que Gérard avait connue cinq ans avant. Son intelligence s'était développée, avait grandi, et elle en avait revêtu les signes extérieurs. Ses moindres mouvements, l'expression de sa figure, étaient de ceux qui, sans pouvoir être décrits, sont le résultat d'une habitude du monde, sont une grimace hiéroglyphique, apanage de la plus haute société. Il y avait même un peu de coquetterie, dans tout cet ensemble, la grâce de chaque pose semblait habilement ménagée. Julie, sous les rayons de la lumière, n'était plus naturelle, comme à la faveur de l'obscurité; mais cette coquetterie avait un tel charme, un tel attrait, qu'il devenait difficile de la blâmer. Cinq ans avant, Gérard comprenait sa puissance sur la frêle organisation morale de la jeune femme, il avait la conscience de sa force ; aujourd'hui, un seul regard de Julie lui apprit la supériorité qu'elle devait exercer, lui enseigna à quelle éducation elle se trouvait redevable de cet empire de femme, souvent acheté bien chèrement. Madame de Lucheux avait cueilli quelque fruit de l'arbre de la science, la jeune fille n'existait plus.

Tout en elle respirait à l'extérieur la femme modelée pour les exigences de la bonne compagnie ; sa toilette montrait à l'œil ce je ne sais quoi de fine élégance, de simple coquetterie, que l'art de toute autre société voudrait en vain imiter. Un peignoir en mousseline blanche enveloppait sa taille, et couvrait son corps, sans dissimuler la grêle et délicate expression de ses formes ; des manchettes brodées, serrées autour de son poignet, laissaient voir une main finement gantée ; un foulard noué autour de son cou et rattaché sur sa poitrine par une épingle en camée, artistement enchâssée dans une plaque d'or ; des brodequins d'une peau mordorée dessinant son pied long et mince ; dans ses mains, un mouchoir de la batiste la plus belle ;

une cassolette de vinaigre anglais retenue par une chaîne déliée à une bague ronde et massive placée à l'un de ses doigts : toute cette toilette accusait une délicieuse science de coquetterie, révélait une merveilleuse compréhension du rôle de femme du monde. La propreté nette, la recherche harmonieuse de toute cette blancheur, ajoutaient au charme indéfinissable d'un ensemble qu'on ne pouvait nommer de la beauté, mais qui, plus que la beauté, captivait par l'irrésistible pouvoir résultant de la mobilité et de l'expressif désaccord de quelques-uns des traits.

Ainsi des yeux vifs et pâles sous des sourcils presque droits, un front largement dessiné, une bouche mélancolique parfois jusqu'au sarcasme, un ovale de figure un peu allongé, une peau d'un brun mat, veinée comme les peaux blanches les plus délicates, une taille qui semblait avoir la flexibilité du roseau, des hanches légèrement indiquées, une poitrine dont les mouvements inégaux accusaient dans leur élévation presque inaperçue les années de la première jeunesse, un pied étroit, long et fortement bombé à partir de la cheville, composaient un ensemble dont cette description ne peut indiquer la grâce. Madame de Lucheux était de ces femmes qu'il ne faut point analyser, mais à l'empire desquelles il est impossible de se soustraire.

Sa parole était nonchalante, veloutée quelquefois jusqu'à la caresse; en d'autres moments, énergique jusqu'à manquer d'harmonie; les mots de ses phrases tombaient dans l'oreille attentive qui les écoutait, soit comme le dernier écho d'une musique lointaine, soit comme la brisure d'une corde dans un instrument dont les accords sont rompus. La femme du monde n'avait pu, malgré les efforts de sa seconde éducation, détruire entièrement sa primitive nature; aussi y avait-il en elle deux femmes, deux natures, l'une acquise, l'autre instinctive; et de ce mélange résultait une combinaison pleine de séductions et d'attraits.

La marquise de Lucheux montrait dans sa conversation habituelle, dans les occasions ordinaires de sa vie, la haute science du maître qui l'avait enseignée, et ce maître était la bonne compagnie. Quelque secousse venait-elle à remuer son cœur, quelque impression morale, profonde, parvenait-elle à descendre de toute sa tyrannique puissance dans son âme, alors l'écolière oubliait les enseignements de son habile maître; ce n'était plus qu'une jeune fille impressionnable, ce n'était plus que Julie de Maulaincourt à son début dans le monde. Cependant une de ces deux natures, armées l'une contre l'autre, devait l'emporter; une de ces deux natures devait lui ravir les joies de son existence, ou la bronzer au souffle des tempêtes humaines. La science combattait l'instinct; l'œuvre du Créateur se débattait sous la main de l'artiste. La femme se trouvait sur la limite de l'ange et du démon.

Madame de Lueheux entrait dans cet âge de vingt-cinq ans, plus difficile que celui de trente pour une femme isolée et qui se consume dans le désespoir d'affections sans retour et sans écho. Jusque-là elle s'était laissée flotter à toutes les impulsions du monde; aujourd'hui elle commence à comprendre l'impossibilité de continuer cette existence, reflet perpétuel dont ne s'accommode point une âme quelque peu bien trempée. Il lui faut un aliment à ses pensées, une occupation pour ses loisirs; il lui faut enfin une domination quelconque à exercer; éternel serpent, tentateur toujours vivace, science offerte depuis le jour de la création à toutes les femmes dont l'esprit s'égare à chercher les décevantes consolations d'une nature supérieure et impossible.

A vingt-cinq ans, une femme regarde ses années futures, et voit dans un avenir rapproché le nombre trente, ce nombre fatal qu'elle pense devoir marquer un jour le terme de sa jeunesse; alors elle songe au roman de sa vie, ce livre que toute femme rêve longtemps, et qu'elle finit par écrire, soit avec de folles joies, soit avec des pleurs. Elle monte sur la plus haute des tours de son imagination, et là, l'œil fixe, l'oreille attentive, elle regarde si elle ne voit rien venir, elle écoute si l'espace et le lointain ne résonnent point d'une course précipitée. La femme de vingt-cinq ans n'a pas encore l'expérience de la femme de trente ans; elle ne possède point son âcre et persévérante détermination, mais elle est rongée d'une inquiétude vague, de désirs sans but; elle sait son malaise moral, elle espère, voilà tout.

Cette science et cet espoir la livrent bien souvent, sans sauvegarde, à la première apparence d'amour qu'elle croit avoir excité dans un cœur. Elle se persuade facilement trouver, au premier pas, au premier battement d'une première passion, ce qu'elle a attendu, ce qu'elle a rêvé, la poétique vision bercée en son imagination. Elle voudrait assurer le bonheur, avenir de sa vie; elle le perd, elle le flétrit, elle se livre, les yeux couverts d'un bandeau, et quand ce bandeau lui est arraché, elle s'écrie avec l'angoisse d'une amertume mortelle : Je m'étais donc trompée !

Hélas! il n'est que trop vrai; cette malheureuse femme s'était trompée; elle a flétri son avenir, et le passé, pour elle, se nomme l'irréparable.

La marquise de Lucheux en était arrivée à cette fluctuation, à cette incertitude, quand Gérard de Stolberg se présenta inopinément sur son chemin à Aix-la-Chapelle; depuis quelque temps, elle plongeait ses rêveries inquiètes du sommet de la haute tour, enfantée par son imagination, sur tous les horizons qu'elle pouvait apercevoir, elle interrogeait, du regard et de la pensée, tout ce qui se mouvait autour d'elle. Elle sondait toutes les mers, sur lesquelles naviguait l'esquif de ses espérances, demandant à chacune :

Ma perle se trouve-t-elle au fond de vos eaux ?

Cette rencontre de deux destinées inquiètes, ce choc de deux espérances désireuses d'une solution ne pouvait qu'amener un résultat décisif. Julie et Gérard le sentirent, une sorte de calme précéda en eux le moment prochain du combat, tous deux savaient ce qu'ils avaient à se dire; tous deux, de nouveau mis en présence l'un de l'autre, devinaient ce qui leur serait répondu. La conversation allait peut-être prendre un tour sérieux, le marquis de Lucheux vint l'interrompre, et proclamer par sa présence un armistice importun.

Sa joie en revoyant Gérard de Stolberg, son étonnement, furent bruyamment énoncés. — Comment, lui dit-il, c'est vous, mon excellent collaborateur, mon déchiffreur intrépide, je vous croyais mort, tout au moins ; savez-vous que votre disparition inexplicable nous a tous plongés dans le champ illimité des conjectures. Vous avez très-mal agi, mon jeune confrère ; quitte-t-on ainsi ses amis, sans les prévenir ? reste-t-on cinq ans sans donner signe de vie ? Je vous en voudrais, si je n'étais parfaitement joyeux de votre retour.

— Croyez bien, monsieur, répondit Gérard, qu'il a fallu une suite de circonstances et d'affaires graves et pénibles, pour me forcer à revêtir l'apparence des torts dont vous m'accusez ; mes cinq années passées loin de vous, ont été de tristes années, chaque jour j'espérais pouvoir revenir vers des amitiés bien précieuses, et que mon cœur n'a point oubliées ; mais chaque jour aussi mon espoir se trouvait déçu. Enfin, me voici sollicitant toute votre indulgence.

— Et notre indulgence vous est acquise, l'enfant prodigue est de retour, nous n'avons plus qu'à tuer le veau gras. Je me suis affligé de votre absence, j'ai déploré votre départ et les embarras au milieu desquels vous me laissiez à propos de mes autographes, je me suis même vu forcé de suspendre notre travail, que nous reprendrons, j'espère, mais je ne vous ai pas maudit; je ne vous ai point jeté la pierre, comme tous vos bons amis de Paris, je vous aurais même défendu, si je n'avais vu l'inutilité de mon intervention auprès d'esprits prévenus, et qui ne voulaient point être éclairés.

— On s'est donc bien occupé de moi après mon départ? demanda Gérard.

Madame de Lucheux essaya par quelques mots de rompre cette conversation. Elle ne put y parvenir; toutes ses grâces et ses coquetteries échouèrent devant la ténacité du marquis, et la curiosité naturellement excitée de Gérard.

— Si l'on s'est occupé de vous! sûrement, mon noble Germain, on ne s'en est que trop occupé; vous avez été le sujet de vingt conversations, l'aliment des causeries de presque tout un hiver. Permettez-moi de vous le dire, votre départ précipité ouvrait la porte à toutes les suppositions; aussi je puis vous assurer que personne ne s'en est fait faute.

— Laissons tous ces bavardages, je vous prie, murmura la marquise de Lucheux; il me semble que nous avons beaucoup mieux à nous dire. Parlez-nous, monsieur de Stolberg, de vos occupations pendant les cinq années qui viennent de s'écouler; racontez-nous vos voyages et leurs différents incidents; retournons dans cette lacune qui existe entre notre première et notre seconde rencontre; ce sera en quelque sorte retrouver des heures perdues.

Mais Gérard était devenu grave, un nuage sombre semblait descendu sur son front. Il répondit : Pardonnez-moi, madame, une ténacité peut-être ridicule ; mais je suis curieux de connaître les bruits accrédités sur mon compte dans votre noble société parisienne.

— Je crois que cela vaut mieux, en effet, s'empressa de dire le marquis ; M. de Stolberg doit savoir, pour son instruction et pour lui apprendre à ne pas s'enfuir sans tambour ni trompette, à quelles calomnies le plus honnête homme s'expose quand il néglige les règles de l'étiquette, les usages de la société qui l'a reçu. Le marquis, après ce court préambule, continua avec une autorité vraiment magistrale, appuyant sur chaque mot, soulignant chaque parole.

— Vous avez été accusé, c'est l'expression, accusé et jugé par contumace; à vrai dire, c'est votre faute, car, encore une fois, pourquoi la précipitation et le silence de votre départ? Vous avez donc été accusé gravement, votre honneur a été compromis auprès de gens qui ne vous connaissaient pas; et, je dois vous l'avouer, vous n'avez pas été défendu.

— Par grâce, monsieur, demanda Gérard, sans tant de préambule, soyez assez bon pour me dire la vérité; de quoi ai-je été accusé, sur quoi ai-je été condamné par le tribunal de votre bonne compagnie?

— J'arrive au fait; j'arrive : laissez-moi le temps de vous préparer à entendre...

— Ne préparez rien, monsieur, je vous en conjure, dit de nouveau Gérard au comble de l'impatience; les faits, les accusations dans toute leur crudité.

Madame de Lucheux détourna la lampe, dont la lumière tombait directement sur son visage; une sorte de gémissement de pitié s'échappa de sa poitrine.

Le marquis reprit sa narration interrompue.

— Puisque vous êtes si impatient, je vous dirai franchement que le bruit courut dans tous nos salons que des discussions désagréables au jeu vous avaient forcé à quitter Paris; d'autres ajoutaient que votre conduite déréglée avait contraint l'ambassadeur de Prusse à vous intimer l'ordre de retourner en Westphalie; que sais-je? chacun racontait son histoire, chacun apportait ses détails; ce fut vraiment une chose pénible pour moi, votre ami, d'entendre ce chorus de calomnies, qu'aucune voix ne démentit ; et vous ne m'écriviez pas, et je ne savais où vous prendre. On ne laisse pas ses amis dans un tel embarras, je vous le répète ; vous défendre, que pouvais-je dire, ne sachant ni où vous vous trouviez, ni le motif de votre départ ?

— J'ignorais, répondit Gérard d'un son de voix horriblement calme ; j'ignorais que l'on ne fût pas libre de quitter votre haute société si polie, sans lui rendre compte des motifs qui vous forcent à la quitter ; je l'ignorais entièrement, je vous assure. Mais à présent je dois vous avouer que, l'aurais-je su, je ne me serais pas soumis à cette inquisition.

Gérard s'arrêta ; l'air manquait à sa poitrine oppressée ; sa figure avait revêtu une teinte plus pâle que de coutume ; ses paroles, en sortant de sa bouche, produisaient une sorte de sifflement aigu, qui révélait une souffrance bien vive. La marquise de Lucheux tenait ses yeux arrêtés sur les siens ; la noble douleur qu'elle y lisait, la juste indignation qui les faisait briller d'un feu plus ardent, lui arrachèrent une larme ; en ce moment elle eût voulu être seule avec Gérard, et lui dire : Vous avez tout mon amour.

Après quelques secondes d'un silence, que ni le marquis, ni la marquise de Lucheux ne furent tentés d'interrompre, Gérard reprit la parole :

— C'est un ennemi bien noble, monsieur le marquis, que celui qui m'honore de son attention, bien noble en vérité. Il lui faut un homme à déshonorer, une réputation à flétrir, pour l'amusement d'un de ses hivers; il s'attaque à un pauvre étranger, il profite de son absence pour entasser sur son compte les calomnies les plus infâmes; parce qu'il a reçu cet étranger, parce qu'il s'est trouvé à la même table que lui, aux mêmes fêtes, il se croira le droit, un beau jour, en ses heures de désœuvrement, de lui jeter de la boue. Savez-vous bien, monsieur, que votre bonne compagnie me soulève le cœur de dégoût !

—Vous avez tort, mon cher monsieur de Stolberg, s'empressa de répondre le marquis de Lucheux ; la société a été injuste pour vous, cela est vrai ; mais elle ne vous conaissait pas ; croyez que si, comme moi, elle...

— Non, monsieur, non, reprit Gérard en s'animant peu à peu, votre bonne compagnie est infâme à mes yeux ; parce qu'elle ne me connaît pas, doit-elle juger mes actions, en inventant d'ignobles motifs, dans son ignorance des véritables? On entre pur et intact dans vos salons de Paris, on en sort taché et souillé.

— Vous vous exagérez l'importance de quelques propos, qui tomberont quand vous reparaîtrez.

— Que je reparaisse ! moi ? monsieur le marquis ; que je revienne au milieu de ces gens qui m'ont flétri, qui m'ont déclaré un homme déshonoré ; non, non ; à tout jamais j'ai rompu avec ce monde ; je méprise ses imputations, ses suppositions et sa calomnie, mais je ne veux pas me présenter devant lui comme un contumace venant quêter une absolution. Je sais bien, monsieur, qu'il suffirait de mon retour pour dissiper les bruits absurdes qui ont été répandus ; je sais encore que toutes les portes me seraient, comme jadis, ouvertes avec affabilité ; je vois même les plus déclarés d'entre mes ennemis venir à moi, me tendre la main, et me prodiguer les caresses de leur fausse amitié : tout cela me dégoûte profondément, tout cela me révolte, monsieur de Lucheux. Serrer la main d'un lâche qui m'aura calomnié m'est impossible ; répondre, le sourire sur les lèvres, aux coquettes grimaces de femmes qui m'auraient une fois jugé indigne de leur noble société, vous comprenez que cela ne se peut. Entre le monde et moi, réciprocité de haine maintenant ; il me calomnie parce qu'il ne me connaît pas, parce qu'il ignore les motifs de ma retraite, les causes de mon voyage précipité ; moi, je le méprise parce que je le connais.

— Vous allez bien loin, monsieur de Stolberg, vous allez bien loin. Ne décidez rien d'une manière absolue. Et le marquis serra la main de Gérard.

Madame de Lucheux, exaltée par le feu des paroles qu'il venait de prononcer, se leva de son fauteuil, et lui dit, profondément émue :

— Oui, vous avez raison, monsieur de Stolberg, le monde ne mérite que votre mépris ; car, excepté les deux amitiés qui vous tendent ici la main (et elle lui offrit la sienne); excepté ces deux amitiés, personne ne s'est rencontré, je ne dis pas pour vous défendre, mais qui voulût bien douter. Le monde a été infâme envers vous, il a été lâchement cruel.

La marquise s'arrêta, trop émue pour continuer.

— Merci, merci, madame, répondit Gérard; merci, vous m'avez fait entendre de bonnes, de douces paroles ; que me fait le monde maintenant, que m'importe sa haine ou son amitié, aussi plates l'une que l'autre ? Depuis cinq ans je vis dans la solitude; je m'y suis créé des travaux dont mon esprit est violemment saisi ; aujourd'hui je retrouve deux amis, qui n'ont point suivi le torrent et n'ont point tourné leur amitié en haine furibonde, que puis-je désirer de plus? Le monde ne me reverra pas. La solitude a ses secrets de bonheur, ses joies pures et fécondes; la solitude a son saint enthousiasme, que ne flétrit aucune parole amère, aucun sarcasme blessant. M. de Lucheux sait aussi bien que moi, si ce n'est mieux, ce que le travail donne de consolation et de repos à ses amants, et mieux qu'un autre aussi il me comprendra.

— Vous seriez-vous livré à de nouvelles recherches, auriez-vous fait quelques découvertes précieuses en autographie? demanda le marquis d'un air d'anxiété vraiment comique.

— Non, je n'ai pas eu ce bonheur; d'autres travaux m'ont occupé. Et Gérard ne put s'empêcher de sourire en songeant à la manie autographique du marquis, qui l'empêchait de rien voir, de rien apercevoir hors du cercle étroit dans lequel il s'était enfermé.

La conversation prit alors une tournure plus générale; elle se porta alternativement sur tous les sujets; elle rechercha dans le cœur de Julie et dans celui de Gérard, les changements que cinq années avaient dû y produire. Julie, par une délicate attention de femme, prit à tâche de faire oublier les tristes révélations du marquis; elle déploya dans toute cette soirée une grâce, une amabilité, qui achevèrent de lui conquérir le cœur de Gérard, en la faisant paraître tout ce qu'il avait rêvé et désiré dans l'objet de son amour. Avant dix heures, le marquis de Lucheux, enseveli derrière un monceau de paperasses, dormait profondément. Alors quelque chose de plus intime, une nuance plus délicate se fit remarquer dans le long entretien auquel il ne prenait aucune part. Peu à peu Gérard revint vers le passé, et Julie se laissa entraîner dans cette marche rétrospective. Il ne fut pas précisément question de la fameuse soirée dont le souvenir était empreint dans leurs deux cœurs : mais vingt allusions la rappelèrent. La question, débattue pendant la promenade faite au bois de Boulogne, fut remise sur le tapis; mais Julie, craignant de renouveler les émotions du commencement de la soirée, ne la discuta point de nouveau; et, pour faire diversion aux préoccupations douloureuses qu'un seul mot pouvait réveiller, elle s'empressa de demander à Gérard s'il avait gardé quelque souvenir de son album, envers lequel il était demeuré débiteur.

Gérard tressaillit à ce souvenir. — Oui, madame, oui, répondit-il, je me rappelle votre album et la sotte nouvelle que j'eus le courage d'y inscrire; auriez-vous par hasard conservé cette misère indigne de vous?

Julie le regarda, étonnée de l'amertume avec laquelle ce peu de mots avait été prononcé; un doute traversa son esprit, elle se hâta de l'éclaircir.

— Je l'ai conservée, monsieur de Stolberg, dans l'espoir que vous reviendriez la finir un jour; j'attendais toujours.

Il y avait de l'amour, de la douleur, de la crainte dans l'expression que mit madame de Lucheux à répondre à Gérard de Stolberg. Le regard de cette jeune femme apaisa les derniers levains d'orage qui grondaient encore en lui; il se rapprocha d'elle, prit sa froide main dans les siennes, et, plus troublé qu'il ne l'avait jamais été, il murmura à son oreille: Oh! je vous remercie d'avoir compté sur mon retour, je vous remercie de n'avoir point oublié les premières heures de notre amitié; je suis revenu, me voilà prêt à finir la nouvelle inachevée inscrite sur votre album; voulez-vous encore une fois remettre entre mes mains le dépositaire de vos rêveries de jeune femme, de vos amitiés de jeune fille; n'y avez-vous enfermé, depuis le jour où il me fut jadis confié, aucun secret dont la connaissance me soit interdite?

La marquise de Lucheux, à ces derniers mots, s'approcha d'une écritoire, dont elle portait la clef suspendue à son cou par un large ruban; elle en tira l'album vert, que Gérard connaissait déjà, le lui tendit avec une dignité, une confiance et une admirable simplicité:

— Personne depuis vous ne l'a ouvert, dit-elle.

Déclaration.

Heureux si vous eussiez d'un mutuel émoi
Pris l'appât amoureux aussi bien comme moi....
Las! couché dessus l'herbe, en mes discours je pense
Que pour aimer beaucoup j'ai peu de récompense,
Et que mettre son cœur aux dames si avant,
C'est vouloir peindre en l'onde et arrêter le vent.
RONSARD.

XVI.

La nuit qui suivit cet entretien tout à la fois pénible et doux, fut employée par Gérard à écrire, à finir la nouvelle qu'il avait commencée sur l'album de madame de Lucheux ; une mince cloison le séparait de cette femme, aimée de tout l'amour de sa vie, de toutes les espérances de son avenir; aussi longtemps que le moindre bruit put lui révéler la proximité de celle qu'il était venu chercher, comme un dernier lien, comme une dernière joie, un dernier bonheur, qui rattachât son existence à la terre, qui l'indemnisât des peines et des malheurs passés, il se tint silencieux et immobile, écoutant de toutes ses oreilles, épiant jusqu'au plus faible murmure les bruissements sonores de la nuit, dont chacun avait pour lui une signification. Peu à peu le calme se fit, peu à peu tout se tut, un silence profond répandit son harmonie; Gérard ouvrit les deux battants de sa fenêtre, et laissa entrer à flots dans sa chambre la pâle et douce lumière de la lune. Le ciel était serein, et ses plaines bleues, toutes parsemées d'étoiles, paraissaient semblables à ces riches tapis de l'Orient, brillants de leurs broderies d'or. Quelquefois une bouffée d'air silencieuse venait tout à coup répandre mille parfums enlevés aux bosquets et aux prairies; les anges de la nuit secouaient leurs ailes; des échos lointains répétaient à de longs intervalles les plaintives romances d'amour des oiseaux cachés dans les osiers des ruisseaux, ou le cri morne et perçant des chouettes et des orfraies, qui recommencent éternellement leur plainte lugubre.

Les belles nuits d'été sont pleines de mélodies dont l'âme s'enivre jusqu'à pleurer; qui dira jamais le charme de leur voix amoureuse, la magnificence de leurs spectacles incomparables?

Les insensés qui préparent la mort, comme refuge contre leurs misères, n'osent s'y confier à la face de toutes les étoiles brillantes, qui sont autant d'yeux ouverts, versant du haut du ciel leurs regards bienveillants sur la terre qu'ils contemplent avec amour. Pour que le suicide s'accomplisse, l'homme, qui l'a décidé dans le paroxysme de sa douleur, s'enferme, se cache, fuit la présence de la nature, ou choisit quelqu'une de ces nuits sans lumière et nuageuses, véritables linceuls dont se voile la miséricorde divine.

Les nuits d'été parlent aux habitants de la terre une poésie que tous les malheureux comprennent.

Les nuits d'été sont des prières muettes qui semblent protéger de leurs chants religieux ceux qui dorment sur la terre.

Heureux vingt fois ceux qu'une belle insomnie rend errants, alors qu'une fraîche et balsamique nuit d'été imprègne toutes les douleurs, tous les terrains desséchés de ses bienfaisantes rosées.

Le soleil remontait sur l'horizon, et sa chaleur avait depuis longtemps dissipé les dernières vapeurs du matin, quand Gérard, fermant l'album de la marquise de Lucheux, vint enfin chercher le sommeil, espérant y trouver un repos que demandaient impérieusement ses fatigues passées; mais ce repos ne vint pas; son esprit, inquiet et troublé, se prit à considérer sous toutes leurs faces les probabilités d'un dénoûment prochain. Vainement voulait-il prévoir la réponse et la conduite de Julie, vainement chercha-t-il à commander à son cœur, le calme dont il se sentait avoir besoin; son sommeil, si pourtant ses yeux se fermèrent, ne fut qu'une agitation fiévreuse, voisine du somnambulisme; des mots sans suite sortaient de sa poitrine; tout son corps s'agitait dans de fréquentes crispations; enfin, à huit heures, il abandonna son lit, abattu, faible, et brisé par toutes les secousses qui s'étaient succédé depuis la veille.

Une heure après, un domestique remettait de sa part, à madame de Lucheux, l'album qu'elle lui avait confié.

Cet album fut ouvert avec vivacité, ce qu'il contenait fut lu rapidement, puis relu avec réflexion.

« Vous me demandez, madame, la fin d'une
« nouvelle commencée il y a cinq ans; je tâ-
« cherai de retrouver en ma mémoire les dé-
« tails d'une action qui, peut-être, aura bien
« peu d'intérêt pour vous; tant de tristes pen-
« sées assaillent ma pauvre tête, tant de doutes
« amers tourmentent mon cœur, qu'ils me
« seront, je l'espère, une excuse si ma mé-
« moire m'était infidèle.

« La destinée du héros imaginaire auquel
« vous voulez bien vous intéresser, ressemble
« sous tant de points à la mienne, que ma seule
« crainte, en la retraçant dans tous ses détails,
« sera d'être amené, par un entraînement iné-
« vitable, à les confondre l'une avec l'autre.

« Vous rappelez-vous, madame, qu'il y a
« cinq ans, après m'avoir interrogé sur le su-
« jet de ma tristesse, vous m'ordonnâtes, au
« nom de votre repos, de garder un silence
« absolu, quand je voulus, pressé par vos in-
« stances, obéir enfin à votre charitable curio-
« sité. Le roman que j'écrivis alors pour vous,
« et ma propre histoire, sont, hélas! presque
« semblables; comment donc continuer ce ro-
« man sans désobéir à votre commandement?

« Entre deux malheurs, celui de vous déso-
« béir, ou celui de vous déplaire, si je n'ac-
« cepte la tâche que vous m'imposez de nou-
« veau en me confiant votre album, il me faut
« choisir aujourd'hui. Je vous désobéirai, ma-
« dame, espérant obtenir mon pardon, pour
« lequel plaidera mon vif désir de satisfaire la
« plus faible de vos volontés; je vous dirai,
« aussi brièvement que possible, la fin d'un ro-
« man dont tout l'intérêt va peut-être s'éva-
« nouir; pensez toujours que le héros de ce
« roman est imaginaire, et, quelque ressem-

« blance qu'il puisse avoir avec l'auteur qui le
« créa, ne voyez en cette rencontre qu'un effet
« du hasard, et nullement une allusion prémé-
« ditée.

 « Les dernières pages que j'inscrivis sur ce
« livre, racontaient l'aveu timide d'un homme
« éprouvé par les secousses d'une vie orageuse ;
« elles disaient le mélange de bonheur et de
« tristesse avec lequel il ouvrit son âme à la
« femme de son premier et puissant amour. Je
« ne vous rappellerai point, madame, les com-
« mencements de cette passion, fidèlement
« reproduits, dans ma précédente narration ;
« aussi bien que moi vous les avez en votre
« mémoire. L'aveu dont je vous parle fut
« écouté par la femme à laquelle il était adressé
« avec une certaine émotion ; mais, reprenant
« bientôt son empire sur elle-même, elle de-
« manda comme une grâce, dont son repos dé-
« pendait, le silence le plus absolu ; elle solli-
« cita l'oubli de ce qui venait d'être dit.

 « Cette femme fut obéie, madame ; son
« amant respecta sa volonté, quelque dure
« qu'elle fût ; il se soumit à ses terreurs, il sa-
« crifia son repos au sien ; il partit, emportant
« en son cœur un profond découragement, une
« tristesse sans repos et sans espoir. Ce qu'il
« lui fallut de courage pour accomplir cette

« résolution, vous le devinerez, madame; vous
« comprendrez l'effort désespéré qu'il dut faire,
« pour refouler en lui des espérances violem-
« ment excitées; vous comprendrez quelle mor-
« telle agonie il enferma en son cœur, quand
« il dit adieu à tous les rêves dorés de sa jeu-
« nesse, détruits en un seul instant.

« Des années se passèrent, misérablement
« perdues en de tristes loisirs, éprouvées par
« des peines qu'une douleur sans adoucisse-
« ment rendit plus amères, des années se pas-
« sèrent, madame, et pendant ces années, qu'un
« ennemi oserait à peine souhaiter à son en-
« nemi mortel, il ne lui vint ni une consolation
« ni un souvenir, aucun éclair ne déchira son
« horizon; ces années furent longues et poi-
« gnantes à supporter.

« Enfin un jour, tout ce courage si noble-
« ment conservé, toute cette constance de mar-
« tyr s'évanouirent; il apprit que quelques
« lieues le séparaient de celle qu'il aimait d'une
« passion si vraie et si puissante, ses journées
« et ses nuits se passèrent en d'étranges agita-
« tions; il voulut, une dernière fois, se pré-
« senter devant elle, lui dire l'amour dont son
« cœur se trouvait brisé, et mourir ensuite,
« s'il fallait à ce prix expier une illusion de
« bonheur.

« Le héros de mon roman quitta sa retraite
« et vint, comme un joueur vaincu par la for-
« tune, tenter sa dernière chance, son dernier
« espoir. Il retrouva sa maîtresse telle qu'il
« l'avait quittée, calme, gracieuse, sans un pli
« au front, sans l'empreinte d'une fatigue,
« sans la trace d'une douleur ; lui, n'apportait
« qu'une âme brisée, qu'un esprit humilié par
« la lutte continuelle de ses volontés et de ses
« désirs ; mais il revenait avec un amour grandi
« dans la retraite et dans le recueillement,
« avec un de ces amours, profondes convictions,
« croyance vive après la destruction des-
« quelles il ne reste plus au cœur qu'une sorte
« d'athéïsme désolant, destructeur de toute
« croyance en des sentiments humains.

« Il retrouva donc sa maîtresse parée de tou-
« tes les grâces naturelles qu'il lui connaissait
« déjà, brillante aussi des grâces acquises, nour-
« rie de l'étude du monde et mûrie par son ex-
« périence ; alors il lui prit une crainte vague,
« qu'une femme si jeune, si brillante, si bercée
« de toutes les folles insouciances de la société
« dans laquelle elle avait vécu, ne fût devenue
« oublieuse de lui, que son cœur, bronzé par
« une nécessité de coquetterie habituelle, ne
« fût arrivé à de l'indifférence, et ne pût être
« réveillé de cette mortelle torpeur. Il souffrit,

« madame, toutes les angoisses de l'attente
« et de l'incertitude avant d'oser se déclarer.
« Enfin, ce moment redouté arriva, il dit et
« son amour passé, comprimé par une prière, par
« un ordre de sa maîtresse, et son obéissance et sa
« fuite, et les années de son exil pleines pour lui
« de misères et de tortures ; il dit aussi la joie de
« son retour, et ses espérances ; il dit cet amour
« rapporté pur et fidèle après de longs jours, de
« longs mois, des années entières d'abandon et
« de solitude. Puis, demandant pitié pour la
« grande blessure de son cœur, saignante de-
« puis si longtemps, il ajouta : Voulez-vous me
« renvoyer aux tristes prisons de l'exil, où s'est
« usée ma jeunesse, dans le seul espoir de votre
« amour ; dites un mot, et je pars ; le bâton du
« voyageur est encore en ma main fatiguée, je
« n'ai point secoué la poudre du chemin.

« Ici, madame, ma narration doit rester
« suspendue de nouveau ; mon habileté de ro-
« mancier n'a pu me faire rencontrer un dénoû-
« ment qui tout à la fois fût vrai et me conten-
« tât ; j'ai voulu, avant de clore cette narration,
« écrite pour vous seule, consulter votre délica-
« tesse féminine et la finesse de votre jugement ;
« associez-vous à mon œuvre, madame, com-
« posez ce dénoûment ; comme la destinée,
« montrez-vous implacable ou miséricordieuse.

« Quelques mots suffiront pour cette conclu-
« sion.

« Il regagna son exil, le cœur navré, et
« sa vie, désormais sans espoir, y fut bientôt
« éteinte.

« Cette conclusion, madame, appartient au
« drame ; l'autre, je ne vous l'indiquerai pas,
« mais je voudrais pouvoir l'espérer pour mon
« héros, auquel je me suis tellement identifié
« que je souffre de ses douleurs et suis heu-
« reux de ses joies.

« Comme lui je suis voyageur, et comme
« lui j'ai passé de longs jours dans la solitude. »

Après cette lecture, madame de Lucheux, laissant glisser son album sur ses genoux, demeura plongée dans une molle rêverie; était-ce indécision ou bonheur, joie ou tristesse ?

Réponse.

Vous estes fleur de toute fleur mondaine,
Et li conduis qui toute joie ammaine ;
Ruissiaux de grace et la droite fontaine,
    Je n'en doubt mie.
GUILL. MACHAULT. (*Rimes amoureuses.*)

XVII.

Vers dix heures, le marquis de Lucheux fit demander à Gérard s'il voulait accepter son déjeuner. Gérard accepta, et se rendit dans le cabinet du marquis, espérant y rencontrer Julie, et rassemblant toute sa fermeté pour cette entrevue, épilogue d'un bonheur rêvé, ou préface d'un bonheur à venir. Mais dans le cabinet du marquis, deux couverts, posés sur une petite table, n'indiquaient que deux convives. Gérard fut alarmé de cette absence : son imagination lui fit en une minute trouver vingt motifs plus absurdes les uns que les autres ; il la supposa calculée pour éviter sa rencontre.

— Asseyons-nous, lui dit le marquis, et causons à notre aise; ma femme est un peu souffrante, et ne déjeunera point avec nous ; nous en serons plus à notre convenance pour nous entretenir de nos anciens travaux, malheureusement interrompus par votre malencontreux voyage.

Et ces deux hommes se placèrent devant la table du déjeuner. Le marquis, sevré depuis cinq ans du seul auditeur bénévole et consciencieusement attentif qu'il eût jamais rencontré, fit à lui seul tous les frais de la conversation. Il parla de lui, de ses autographes, de ses travaux ou de ses découvertes, enfin, de toutes les nullités de sa monotone existence, avec une longueur, une complaisance, un bonheur sans égal. Il se plaignit du départ de Gérard, comme de la perte d'un actionnaire principal dans une affaire de commerce importante. Jamais sa nullité n'avait trouvé de si longues phrases, n'avait, dans une pompe plus fatigante de paroles oiseuses, déployé une plus riche élocution de non valeurs morales et intellectuelles.

Le marquis de Lucheux s'écoutait parler, scandait les mots de son discours, les analysait en les prononçant, les peignait au râteau d'une stupide régularité grammaticale, émondait ses phrases, les retournait, comme un sculpteur fait de son œuvre terminée pour mieux l'observer sous toutes ses faces. Puis il avait des silences, ruminant de petits éclats de rire secs et stridents, enfantés par la conviction de sa supériorité et le bonheur de son éloquence. Il parla longuement, mangea longuement. Gérard l'interrompit par quelques rares exclamations, qui convainquirent le marquis de l'attention soutenue de son auditeur.

Cependant cet auditeur n'avait rien entendu de tout le long discours qui lui avait été adressé; les yeux fixes, mais l'esprit absent, il songeait à toute autre chose qu'aux autographes et aux travaux du marquis; il écoutait les bruits des chambres voisines, espérant y saisir quelque indice qui lui révélât la femme qu'il était venu chercher, et pour laquelle il se soumettait aux chevalets de torture de son bourreau de mari.

Avait-elle lu la confidence déposée sur son album; qu'en avait-elle pensé, qu'avait-elle résolu ?

Il y a dans la vie des heures de cruelle incertitude, dont les secondes sont frappées par un marteau lent et sourd, sur un cadran immense et que l'œil ne peut embrasser; chaque battement de ce marteau des secondes semble, en retombant, s'imprimer de tout son poids sur le cœur de celui qui les compte; quelques hommes ont été vus, jeunes encore de visage et blancs de chevelure, pour avoir servi d'écho à cette horloge terrible.

Plus de deux heures furent employées à déjeuner, et le marquis, mangeant toujours et parlant toujours, ne s'aperçut pas que son convive ne s'était encore servi d'aucun des plats posés devant lui sur la table. La porte s'ouvrit tout à coup, et madame de Lucheux apparut comme l'ange de la délivrance, comme une divinité protectrice qui venait ouvrir à Gérard les portes de sa prison, et lui rendre le courage d'espérer.

Elle était enveloppée dans un grand et léger châle ; sa tête, recouverte d'une capote de soie fort ample, se laissait à peine apercevoir, protégée contre la lumière par les plis du gros de Naples, et par un voile à demi rabattu. Gérard n'osa d'abord chercher l'expression de sa figure ; il lui prit une sorte de tremblement nerveux intérieur qui le fit pâlir excessivement, il se trouva incapable d'articuler une seule parole.

— Quelle course ou quelle promenade méditez-vous donc aujourd'hui, Julie ? demanda le marquis ; ne savez-vous pas que j'ai pris rendez-vous pour visiter les archives de l'hôtel-de-ville ?

— Je le sais, monsieur, répondit doucement la jeune femme ; aussi ne réclamé-je point votre bras ; M. de Stolberg connaît les environs d'Aix-la-Chapelle, j'ai compté sur sa bonne volonté, et je viens lui demander d'être mon cicérone.

— A la bonne heure, dit le marquis charmé d'éviter une promenade ; courez, visitez les environs de la ville impériale : moi je vais fouiller ses archives poudreuses ; les chemins qui conduisent à la science ne sont pas fleuris comme ceux que vous allez parcourir. Et le grand amateur d'autographes termina sa phrase par une sorte de toux, qui, chez lui, tenait lieu de sourire approbatif. Je vous plains, mon cher monsieur de Stolberg, de ne pouvoir venir avec moi, les archives d'Aix-la-Chapelle sont excessivement anciennes, et renferment les autographes les plus précieux.

Gérard balbutia quelques mots que personne n'entendit ; et, prenant son chapeau, il se hâta de sortir, pour commencer près de madame de Lucheux ses fonctions de cicérone. Tant qu'ils furent dans la ville, Julie et Gérard marchèrent d'un pas précipité, ayant hâte tous deux de se trouver libres en plein air et dans la campagne. Jamais leurs bras ne s'étaient appuyés l'un sur l'autre ; jamais ils n'avaient senti cette tiède chaleur, qu'un contact si immédiat répand dans tout le corps ; jamais ils ne s'étaient vus seuls, livrés à eux-mêmes, libres, parmi une population qui ignorait jusqu'à leur nom, de porter leurs pas où leur volonté les conduirait.

Ils sortirent bientôt de la ville par la porte de Saint-Adalbert, et gagnèrent, silencieux et agités, la promenade du Louisberg, qu'ils gravirent sans proférer une parole. Quelques promeneurs parcouraient les belles allées du bois qui couvre ce charmant monticule, dont la vue s'étend au loin sur Aix-la-Chapelle, et les campagnes qui l'environnent. Ni Gérard, ni Julie, n'examinèrent ce délicieux panorama; ils ne prêtèrent leur attention à aucune des beautés qui se déroulaient à l'horizon; au sud, la ville enveloppée jusqu'au village de Borcette, dans sa ceinture de vieilles tours délabrées; à gauche Trimborn, les ruines du château de Schoenforst, une foule de maisons de campagne perdues au milieu de bouquets d'arbres; plus loin la route de Monjoie par Cornelimunster; à l'ouest le village hollandais de Vaels; puis, plus au nord, la paroisse de Laurensberg; et derrière le Vertschauerberg et son moulin à vent, qui le surmonte, comme une couronne le blason d'un écusson; enfin, à l'est, les paroisses de Vierselen, de Haaren, de Versautenhein et d'Eleindorf, avec le Reiswald, et les belles et fertiles plaines du pays de Juliers.

Cet ensemble de villes, de villages, de bois, de prairies, de châteaux démantelés, de plaines immenses, de ruisseaux promenant leurs eaux limpides au milieu de tapis de verdure, sous des voûtes d'osier aux tiges souples et tremblantes, de saules aux troncs déchirés, au feuillage d'un vert pâle, formait cependant un tableau digne de quelque attention; et sous leurs pieds la vieille ville de Charlemagne, la capitale de son empire, le plus vaste des empires modernes, le tombeau du grand empereur d'Occident, qui bâtit une cathédrale pour lui servir de pierre funéraire.

Rien de tout cela ne put les arracher à leurs méditations; rien de tout cela ne put détourner leur attention, tendue vers un but plus important pour eux. Dans le désir d'éviter les promeneurs, et le bruit des cafés établis sur le Louisberg, ils s'enfoncèrent dans une sombre allée à l'ouest, et, par un pente rapide, après avoir traversé une petite vallée qui s'étend entre la montagne dont ils venaient de descendre les dernières côtes, et le Salvatorsberg, ils arrivèrent enfin au Bergesbusch, bois solitaire, composé de vieux chênes et de hêtres touffus.

Certes, qui les eût aperçus sans voix, fuyant

ainsi d'une course précipitée, eût pensé que quelque poursuite étrange les forçait à presser leurs pas.

Une volonté forte, un désir commun de sortir du linceul de l'incertitude, les poussait vers quelque endroit retiré, où pût avoir lieu l'explication que tous deux souhaitaient, et que tous deux cependant tremblaient d'entamer.

Une de ces longues et étroites allées, que le jour ne visite au milieu du bois épais que par leurs deux extrémités, une de ces allées, cachées sous des masses de feuillage, comme des souterrains dans les entrailles de la terre, s'offrit à leurs pas ; ils y entrèrent, et leur course se ralentit. Un gazon fin, entremêlé de mousse veloutée, servait de tapis à ce lieu de repos et de silence ; nul vent ne s'y faisait sentir, les cimes seules des arbres en étaient faiblement agitées à une grande hauteur ; de petits muguets, des violettes et quelques seringats mêlaient leurs parfums à la fraîcheur de cette retraite ; les oiseaux s'appelaient doucement à travers les branches entrelacées ; une lumière pâle et voilée, mélangée d'ombre et de soleil, projetait au loin son harmonie mystérieuse.

Gérard se sentit plus fort sous cette double protection du silence et de l'obscurité ; et Julie, par les mêmes causes, perdit le peu d'assurance qu'elle avait apportée. A de longs intervalles, le bras de Gérard pressait doucement le sien et leurs yeux se rencontraient, et le sang de leur poitrine battait de plus en plus; mais ni l'un ni l'autre ne trouvait de voix pour parler.

Un moment vint où Gérard s'empara de la main gantée de la jeune femme; cette main fut dégagée par un mouvement doux et calme tout à la fois. Tous deux s'arrêtèrent; il fallait parler, il fallait enfin épancher son âme; l'instant était venu; ce fut madame de Lucheux qui la première rompit le silence.

— Écoutez-moi, monsieur de Stolberg, écoutez-moi, dit-elle; et sa voix avait des larmes et comme une sorte de désespoir empreint dans chacune de ses inflexions.

J'ai lu ce que vous avez écrit cette nuit; je n'affecterai point de ne pas le comprendre, non, pas plus que je ne vous cacherai combien vous aviez été compris, lorsqu'il y a cinq ans vous me rendîtes pour la première fois mon album, et que je vous conjurai, au nom de mon repos, de garder le silence sur les douleurs et les sentiments de votre âme.

Je crus alors que vous m'aimiez... Aujourd'hui, j'en suis certaine

Sa voix s'éteignit tout à fait en prononçant cette dernière partie de sa phrase, et Gérard, respirant à peine, serrait convulsivement ses deux mains l'une contre l'autre.

—Vous fûtes bien noble, bien courageux et bien bon, monsieur de Stolberg; vous vous conduisîtes envers moi de manière à mériter aussi toute mon estime...

— Aviez-vous alors quelque peu d'amour pour moi? demanda Gérard dans la plus violente angoisse.

Julie le regarda, et son regard valait une réponse; mais elle ajouta:

— Pourquoi donc aurais-je imploré votre silence au nom de mon repos?

Puis, comme Gérard couvrait sa main de baisers: —Oh! écoutez-moi; je vous en supplie, monsieur de Stolberg, soyez calme; sans cela, comment pourrais-je achever ce qui me reste à dire?

Je croyais à votre amour, et j'en étais heureuse, oh! oui, très-heureuse; les premiers temps de votre absence me furent cruels. J'espérais toujours un souvenir; mais les mois, les années se passèrent; et rien, rien, pas un mot.

La pensée me vint que vous m'aviez oubliée. Cette pensée fut d'une amertume insupportable à mon cœur. En vain je voulus la combattre. Votre silence, votre abandon, vinrent confirmer mes craintes. Je voyais alors beaucoup de monde; je voulus chercher une distraction dans le bruit et les plaisirs ; mais l'idée insupportable que vous m'aviez oubliée, que j'étais trop bien obéie, revenait toujours à ma pensée. Je me reprochais de vous avoir commandé un silence qui faisait ma peine.

Je vous dis tout cela bien franchement, bien naïvement ; mais j'ai été et je suis encore une si malheureuse femme, monsieur de Stolberg ! qu'il ne faut pas me juger, comme vous pourriez juger les autres femmes ; jamais une affection sincère ne m'a protégée ni soutenue. J'ai perdu fort jeune ma pauvre mère ; mon père s'est peu occupé de moi, et vous savez à quel mariage j'ai été condamnée.

Une vive émotion suspendit le récit de madame de Lucheux ; elle tremblait et pleurait tout à la fois. Gérard avait pris ses deux mains dans les siennes, et lui prodiguait des paroles de tendre compassion, qui font tant de bien aux cœurs souffrants.

— L'aveu qui me reste à vous faire me ravira peut-être votre affection. Hélas! ce sera encore un malheur qu'il me faudra compter parmi tous mes malheurs, comme un des plus pénibles à supporter.

— Quel aveu? parlez, Julie ; je puis tout entendre, et rien au monde ne saurait vous ravir mon affection.

8.

Pour la première fois Gérard donnait à madame de Lucheux son simple nom de jeune fille ; il lui sembla, en le prononçant, que ce seul nom disait, plus que toutes ses paroles, l'immensité de son amour.

— Quatre ans s'étaient passés, mon ami, reprit madame de Lucheux, depuis votre départ, et je me croyais entièrement oubliée ; un homme se rencontra sur mon chemin, triste, blessé comme moi, souffrant comme moi, malheureux comme moi j'étais malheureuse !

— Eh bien ! murmura Gérard, respirant à peine.

— Eh bien ! cet homme parut me voir avec affection, il me dit qu'il m'aimait. Cet homme était jeune, possédait un cœur rempli d'une noble chaleur ; son esprit était élevé ; son amour me parut sincère.

— Mais vous, vous, Julie, l'aimâtes-vous cet homme ? eûtes-vous pour lui cet amour que vous m'aviez défendu d'espérer ? Oh ! parlez ; vous me faites horriblement souffrir.

— Je crus l'aimer, Gérard ; il était malheureux, il m'apportait une affection dévouée ; et moi, j'étais seule au monde, et moi, souffrante comme lui, je n'avais pas un cœur qui sût aimer.

— Vous crûtes l'aimer...

Une angoisse terrible se peignit sur la figure

de Gérard; ses traits, bouleversés par la violence de sa douleur, montraient une passion longtemps contenue et qui débordait enfin.

— Vous crûtes l'aimer, Julie; mais l'aimiez-vous en effet; sut-il jamais de votre bouche ce que vous m'avouez maintenant? oh! par pitié, soyez vraie dans votre réponse, car je crois en vous comme je crois en Dieu.

— Non, Gérard, non, répondit presque à voix basse la marquise; non, jamais ma bouche ne lui dit ce que pensait mon cœur, jamais il n'entendit de moi un mot qui autorisât son amour; mais, pour être vraie, je dois dire aussi, que tout dans ma conduite, dans ma manière d'être envers lui, dans l'expression de mon silence, dut lui faire supposer que son amour ne m'était point indifférent.

— Mon Dieu! mon Dieu! dit Gérard avec la plus grande véhémence, vous savez si je l'ai aimée d'un amour pur; mon Dieu! vous savez si un seul instant j'ai hésité à me sacrifier à son repos, si j'ai profané mon amour exilé cinq années; vous savez encore, oh! mon Dieu! toutes les douleurs souffertes pour elle, et mon long ennui, et ma solitude, et mon âme navrée, et mon nom et mon honneur abandonnés à la calomnie; vous savez tout cela, vous le savez aussi, Julie; cependant, je ne m'en plaignais pas; je venais de vous retrouver, mes douleurs s'effaçaient, la vie et le bonheur revenaient en moi avec votre présence; mais il faut qu'en mon absence vous m'ayez oublié, il faut qu'en mon absence, et quand ma vie s'usait à renfermer, à retenir en mon cœur l'expression d'un amour que vous m'aviez conjuré de vous taire pour le repos de votre âme, il faut, dis-je, qu'un autre vienne se glisser dans votre affection. Julie, vous m'avez tout à fait brisé, je suis bien malheureux !

Madame de Lucheux pleurait, et ses larmes tombaient sans un soupir, sans un sanglot; la pauvre femme était à bout de ses forces, elle pleurait de sa douleur et de celle de Gérard, et quelquefois levait vers lui des mains suppliantes, qu'elle laissait retomber ensuite sans pouvoir prononcer une seule parole.

— Mais cet homme, que je hais parce qu'il vous aime, et parce qu'il a su se faire aimer, l'aimez-vous encore, Julie? Parlez; oh! parlez donc; essuyez vos pleurs et répondez-moi. Vous le voyez, je n'ai pas une larme dans mes yeux, je les ai toutes répandues pendant ma longue retraite. Répondez donc, Julie. Et Gérard l'attira vers lui, et la serra avec rage contre sa poitrine.

Julie laissa tomber sa tête sur l'épaule de son

amant; ses lèvres, presque décolorées, s'entr'ouvrirent pour répondre.

— Je crus l'aimer, Gérard, quand je dus penser n'avoir plus aucun soutien, aucune affection sur la terre; mais vous voilà revenu avec votre amour, le premier dont l'aveu ait frappé mon oreille. Oh! je le sens, je me trompais, je n'ai jamais aimé que vous.

— Vous m'aimez, Julie? vous m'aimez!

Gérard, si fort contre la douleur, ne put supporter cette brusque transition du désespoir au bonheur, il pleura.

Ce qui fut dit entre eux pendant ces premiers instants, aucune narration ne peut le raconter, nulle mémoire ne peut se rappeler ces mots, paroles du cœur, langage d'amour que l'on ne sait pas pour le répéter, mais que l'on parle, alors que tous les paradis du bonheur ouvrent les portes de leurs riants jardins.

L'ombre et la fraîcheur du bois, le silence qui y régnait, remirent peu à peu Gérard de la crise nerveuse qui s'était emparée de lui; il se fit un grand calme en tout son être. Il commençait à apercevoir son bonheur; il voyait les routes de la vie plus riantes et plus belles; il reprenait ses jours de jeunesse et leurs naïves sensations.

Julie et lui ne marchaient plus de ce pas inquiet et précipité dont ils avaient gravi le Louisberg et parcouru la riante vallée du Salvatorsberg ; ils allaient maintenant lents et courbés sous le poids de leur félicité, murmurant tout bas des paroles cent fois redites, cent fois répondues, et cependant toujours recommencées; les deux mains de Julie s'appuyaient sur le bras de Gérard; sa tête, légèrement inclinée, se relevait par moment; alors il y avait dans ses yeux une de ces expressions de bonheur et d'amour qui traversent le cœur et nous laissent sans voix.

— Nous avons perdu cinq années, disait Gérard, cinq années bien longues et qui auraient pu être si belles.

— Non, Gérard, reprenait la jeune femme ; non, ces cinq années n'ont pas été perdues pour nous; elles nous ont appris un amour que nous n'aurions pas su si grand. Oh! mon Gérard, bon et généreux, je sens que je vous aime plus de tout ce que vous avez souffert.

Un silence de quelques instants suivit cette douce effusion du cœur; ils marchèrent plus à l'ombre, se tenant, comme deux enfants heureux, par la main.

— Julie, cet homme qui vous aime, le reverrez-vous? vous écrit-il? Par grâce, que lui répondrez-vous? — Seriez-vous déjà jaloux, Gérard? jaloux quand je vous ai tout avoué, quand vous savez ma franchise; oh! ne soyez pas jaloux, cela est indigne de nous deux.

La jalousie de Gérard réveilla en sa maîtresse la femme du monde un instant endormie. Ce fut avec joie qu'elle se vit aimée ainsi; elle se crut certaine de conduire, à son gré, et la passion de Gérard, et sa bouillante impatience. Quelle femme résiste à l'attrait d'exercer un pouvoir despotique? et Gérard, par sa jalousie, lui apportait ce pouvoir; Gérard s'offrait les mains liées.

— Oui, je me sens jaloux, disait-il; depuis si peu de temps le bonheur est venu vers moi, pour la première fois de ma vie; êtes-vous étonnée, Julie, que je craigne de n'avoir fait qu'un beau rêve?

— Votre jalousie m'afflige, parce qu'elle me prouve que vous avez peu de confiance en moi. Déjà des soupçons, mon ami; chassons-les, qu'ils n'empoisonnent pas notre douce félicité.

— Des soupçons, Julie; je n'ai pas de soupçons, je suis jaloux qu'un autre que moi vous aime; je suis jaloux qu'un seul instant la pensée de se croire aimé ait pu entrer dans son esprit; pour cela je le hais, cet homme; mais ce n'est par aucun sentiment de défiance que je vous demandais, s'il vous écrivait, ce que vous lui répondriez.

— Merci, merci, Gérard, de votre confiance; accordez-la-moi tout entière; ne me demandez jamais le nom de cet homme, ne m'interrogez jamais sur son compte; oh! je vous en supplie, donnez-moi cette noble preuve de confiance, mon Gérard...

Et plus bas, madame de Lucheux ajouta, en lui serrant le bras de toute l'étreinte de ses deux mains, tandis que les boucles de sa chevelure promenaient leurs parfums non loin de ses lèvres: Mon bien-aimé.

Quel homme repousse le noble désir de se montrer généreux; quel homme repousse une supplication partie de deux lèvres aimées, un appel fait à sa délicatesse; quand surtout les séductions coquettes de l'amour sont employées pour vaincre sa faible résistance?

Gérard promit tout ce que voulut madame de Lucheux.

— Vous voyez, lui disait-il, l'empire que vous exercez sur mes volontés; vous voyez quel pouvoir une parole d'amour vous donne sur moi. Cinq ans d'exil et de silence suivent votre première prière; je quitte la ville, le pays que vous habitez sans laisser soupçonner au monde un amour que vous repoussiez au nom de votre repos. Et quand, après cinq années, je reviens près de vous, vous rapportant cet amour, que ni le temps ni la douleur n'ont pu affaiblir, vous m'ordonnez d'ignorer le nom d'un homme, mon rival presque heureux, pendant mon exil volontaire. Je vous obéirai, Julie, parce que je crois en vous. Je ne chercherai point à savoir quelles paroles précéderont votre rupture, quels termes la formuleront. J'ai entendu de votre bouche l'aveu d'un amour qui suffit à toutes mes espérances; je dépose ma jalousie sous cette sauvegarde sacrée. Je n'ai que vous, Julie, que votre affection; je n'ai sur la terre que cet unique lien. J'ai renoncé à tout, j'ai tout détruit dans mon passé et dans mon avenir, pour vous y placer seule; vous êtes ma croyance et ma loi; parlez, vous serez obéie.

— Les paroles que vous venez de me faire entendre, Gérard, me font un bien que je n'avais jamais éprouvé; vous m'élevez à mes propres yeux par la puissance de votre amour; je mériterai votre confiance, vous serez fier de moi comme je veux être fière de vous. Mais je ne veux pas accepter cette renonciation que vous faites du monde; je ne veux pas vous voir rompre les liens qui vous attachent à lui. Renouez-les, au contraire, revenez parmi ceux qui vous ont condamné sans vous connaître, par légèreté, par entraînement de bavardage, par amusement de médisance. Le monde est ainsi fait, mon ami, qu'il ne siffle que les acteurs qui disparaissent de la scène; il donne, au contraire, ses couronnes et ses applaudissements à ceux qui, quelle que soit leur médiocrité, poursuivent leur rôle jusqu'à la fin. L'audace est la première des vertus qu'il prise.

Gérard secoua tristement la tête.

— Non, Julie, non, je ne me sens pas fait pour ce monde ainsi organisé; d'ailleurs je vous l'avouerai à vous, la seule confidente de mes peines; il m'a blessé au vif; je trouve quelque chose de lâche dans cette réunion de tous contre un seul, dans ces calomnies déversées à pleines mains, sans preuve, contre un absent; je trouve quelque chose de lâche dans ces suppositions infâmes, que sans examen il adopte pour vraies, sur la foi de je ne sais quelles imprudentes assertions, de quelles gazettes anonymes colportées verbalement de salons en salons. Je me suis fait du travail une douce habitude pendant mes années d'exil; le travail et vous, le travail et votre amour, voilà quelle sera désormais ma vie. Je veux que, non-seulement vous soyez heureuse de mon affection, mais, je veux encore, comme vous le disiez vous-même tout à l'heure, Julie, que vous soyez fière de moi.

— Avez-vous donc commencé quelque travail littéraire, sur lequel soient fondées des espérances de gloire? demanda avec curiosité madame de Lucheux.

— Peut-être, Julie, ma chère Julie, lui répondit en souriant Gérard, qui l'avait prise dans ses bras.

— Il n'est point question d'autographes, j'espère, dans ce travail?

— Non, ma bien-aimée! Et Gérard, pâle d'une émotion pleine d'amour, pressa de ses lèvres le front blanc et lisse de Julie.

La jeune femme tressaillit, ferma les yeux un instant; puis, les relevant humides et voilés:

— Ce baiser de vos lèvres vient d'en effacer un bien cruel et bien douloureux à se rappeler; vous le rappeliez-vous, Gérard?

Combats, incertitude.

> Combien que l'amour se trouue es choses corporelles et matérielles, si n'est-il pas pourtant du propre d'icelles.
> *Philosophie d'amour de* M. Leon Hebrev. 1551.

XVIII.

Gérard avait promis à madame de Lucheux de ne jamais demander le nom de l'homme dont il avait le droit d'être jaloux, et jamais en effet il ne lui faisait une question directe sur ce sujet; mais combien de ruses, combien de circonlocutions n'employait-il pas pour être instruit de ce nom, ou le deviner! Entre Julie et Gérard, ce fut un combat de finesse et de jalousie, dont l'avantage demeura tout entier à la femme du monde. Elle se plaisait chaque jour à sonder la profondeur de son pouvoir, il lui semblait doux d'avoir sous sa volonté, de faire trembler, ou de réjouir par le moindre signe de ses yeux un homme tel que Gérard, neuf, ardent, plein d'un amour vrai, une sorte de sauvage inconnu du monde, et qui, depuis cinq ans, laissait grandir en son cœur l'amour qu'il venait enfin de déclarer.

En la comparant à l'amour des autres hommes qu'elle avait vus dans la bonne compagnie, à ces fades hommages qui, si souvent, lui avaient été adressés, Julie trouva un grand charme de curiosité et de nouveauté à cette passion, plus romanesque que ne l'eût comporté la législation morale de la société des deux nobles faubourgs parisiens. Puis elle sentit aussi se réveiller en elle quelques étincelles de son amour d'autrefois, de cet amour pur, et en dehors de tout calcul, que Gérard lui avait inspiré à son début dans le monde.

Mais alors elle ne connaissait pas ce monde; alors elle n'avait pas goûté ces plaisirs et ces joies, si complétement faux, qu'il est nécessaire de subir une initiation et de parcourir différents degrés de hiérarchie maçonnique avant de les comprendre. Julie songeait déjà à toutes les difficultés, à tous les ennuis que pourraient lui amener les exigences d'un amour si vrai et si entier. Elle n'était même plus sans inquiétude sur la jalousie, que d'abord elle avait fomentée. La jalousie, pensait-elle, est une grande révélation qui nous trahira l'un et l'autre. Puis Gérard avait complétement renoncé à la société; il se posait, en homme étrange, en dehors de toute coterie, sans liens, sans amis, sans entourage, voulant marcher seul et loin de toutes les foules. Dès lors il était évident que, de nouveau, il allait se trouver en butte aux sarcasmes, aux calomnies, aux attaques sans cesse répétées de ceux qui ne comptent que par leur nombre, nullités envieuses et vaniteuses, électeurs de l'opinion publique, cette effroyable prostituée, dont le jupon a trainé dans les boues de tous les ruisseaux.

Il n'est permis à personne de vivre à sa guise dans l'immense ville de Paris; chacun a pour espion une certaine coterie qui le réclame, comme membre à classer, et celui qui veut se soustraire à cette contrainte doit s'attendre à supporter de nombreuses attaques. Il s'est rencontré un homme, jeune encore, riche, hautement placé par sa position sociale, aimant le luxe des chevaux, la chasse; aimant aussi les arts, possédant de beaux tableaux, des sculptures, une bibliothèque nombreuse et bien choisie; cet homme a dédaigné les salons où pouvait s'user sa vie, entre un bavardage de coquetteries et les insignifiances d'un bal; cet homme a préféré la liberté au rude esclavage du grand monde; il a été un protecteur de toutes les courses, encourageant et perfectionnant ce luxe des chevaux que les Anglais possèdent à un plus haut degré que nous; cet homme a reçu chez lui quelques amis, a causé avec eux d'art, de science, de littérature, il a beaucoup lu, et de loin ayant beaucoup observé, il a ri de ce monde qui s'étonnait de sa retraite.

Cet homme est misanthrope, direz-vous; cet homme est sauvage; non, rien de tout cela : la bonne compagnie l'a autrement classé, elle en a fait le bouc émissaire de toutes les sottises, de toutes les orgies, et puisqu'il faut le dire, de toutes les turpitudes. Une voiture de masques vient-elle à causer quelque scandale, chacun s'empresse de dire que c'est la sienne; une femme est-elle grossièrement insultée sur le boulevard, il a été reconnu pour l'insulteur; les vitres cassées le soir, le sont par lui; les batailles nocturnes dans les rues le nomment pour chef; les danses indécentes de nos bals publics se trouvent sous sa direction. Enfin, on l'a établi comme une sorte de don Juan croquemitaine, propre à effrayer les jeunes gens qui entrent dans le monde.

Voyez, disait une des femmes les plus élégantes de la haute société, ce bel hôtel est le sien : il s'y passe des horreurs; on m'a assuré que son plaisir consiste à faire brûler vivants des animaux qu'il enduit d'esprit de vin.

Voila le monde pour ceux qui le négligent ou qui le dédaignent ; voilà le monde impudemment calomniateur, assassinant avec élégance, déshonorant sans le moindre scrupule, par légèreté d'esprit, par saillies bouffonnes, pour le plaisir d'un bon mot, la volupté de raconter une histoire incroyable.

Madame de Lucheux savait tout cela, elle eut peur de ces coteries dont elle faisait partie, ou n'osa les affronter; tous ses efforts tendirent à ramener Gérard au milieu des salons de Paris, à lui rendre la protection du faubourg Saint-Germain, à le classer parmi les élégants dont elle s'entourait aux jours d'hiver. Toute son habileté diplomatique fut tournée vers ce but; il lui manquait un homme d'esprit, un littérateur au nombre de ses cavaliers servants, et les littérateurs devenaient à la mode. Il serait cependant injuste de penser qu'il n'entrât point un peu d'amour véritable dans tous les calculs de madame de Lucheux; elle aimait Gérard, mais non plus comme elle l'avait aimé jadis, elle l'aimait plutôt par souvenir de l'avoir aimé, et parce qu'il était le premier homme qui lui eût fait connaître l'amour. Elle l'aimait, et sentait qu'auprès de la passion violente et profonde de son amant, ce qu'elle éprouvait la laissait trop froide, il lui fallut jouer une sorte de comédie ; ne pouvant monter jusqu'à lui, elle se résolut à le faire descendre jusqu'à son niveau ; le monde l'avait rendue coquette ; le monde, espérait-elle, ferait de Gérard ce qu'on appelle un homme à bonnes fortunes, c'est-à-dire une machine humaine sans cœur.

Le séjour, à Aix-la-Chapelle, du marquis et de la marquise de Lucheux ne devait être que d'un mois ; ce mois écoulé, ils retournaient à leur beau château de Lucheux, situé dans le département du Pas-de-Calais. Là, de nombreuses invitations devaient réunir, pour l'automne, une partie de la haute société parisienne, dispersée pendant la belle saison. Gérard ne fut pas prévenu de cette réunion ; le désir de rester près de Julie lui fit accepter de passer quelques jours au château de Lucheux. Il espérait le calme et la solitude près de sa maîtresse ; il espérait les longues promenades en tête à tête, les lectures faites ensemble ; et les douces rêveries sans trouble et sans témoins importuns.

Madame de Lucheux triomphait ; elle voyait tout marcher vers le but qu'elle s'était proposé, tout contribuer au succès de sa ruse féminine.

Cependant les jours s'écoulaient dans de perpétuels combats ; au calme, au bonheur des premiers instants qui suivirent le double aveu de leur amour, Julie et Gérard avaient vu succéder des heures orageuses, chaque jour renouvelées. Plus la passion de Gérard avait été comprimée, plus elle avait subi avec résignation la contrainte de cinq années de silence et d'exil ; plus alors elle se développait énergique, exigeante, plus elle laissait prendre d'empire aux volontés puissantes de ses désirs. Gérard ne comprenait pas l'amour sans un abandon complet ; il ne le comprenait pas, séparant la jouissance du désir, créant de plus hautes difficultés pour la possession du corps que pour celle du cœur ; il ne lui était pas venu en l'esprit qu'une femme pût dire à son amant : Je t'aime, tout mon cœur est à toi, mais un autre restera maître de mon corps; je lui laisserai l'enivrement de mes caresses, les délices de mes nuits, pour compensation de mon infidélité morale.

Il ne pouvait croire à l'amour, il ne le reconnaissait véritable que couronné par sa faute tout entière, que réhabilité par sa culpabilité même ; aussi Julie était elle inexplicable à ses yeux, à sa pensée.

Madame de Lucheux s'était établi une vertu commune à bien des femmes, qui ne veulent point se priver des voluptueuses illusions de l'amour, et qui, cependant, tiennent à ne point perdre le titre inanalysable de femme honnête. La romantique Allemagne, dans ses rêveries *physico-mystiques*, venait de créer l'*amour allemand*, créationt extraordinaire qu'il est bon d'expliquer pour la faire comprendre.

L'amour allemand est la réunion de deux amours, l'amour physique et l'amour platonique; mais ces deux amours, éprouvés par la même femme, ne peuvent avoir pour objet le même homme; et cela se conçoit aisément.

Pour cette femme, nature double, perception appartenant à deux ordres différents : l'amour physique sera le mariage, la loi nécessaire, l'inévitable reproduction, le contentement de la matière, l'accomplissement de ses volontés impérieuses, le règne des sens, qui, pour être complétement satisfaits, doivent se dégager dans les voluptés de leurs jouissances de tout mélange d'émotion du cœur.

Le représentant de l'amour physique, dans la vie d'une femme, sera de toute nécessité le mari, l'homme-loi de la vie animale, perpétuellement en contact avec la vulgarité de la matière dans toutes les fonctions de la vie intérieure, et légalement constitué dans cet office par le mariage civil.

A celui-là est due la fidélité du corps, mais rien de plus.

Vient ensuite l'amour platonique, l'amour sans mélange de voluptés grossières, l'amour du cœur. Alors arrive aussi l'amant, bizarre et malheureuse créature, condamnée à tout désirer pour ne jamais obtenir ; Prométhée rongé par un vautour qui le déchire de caresses platoniques et d'exaltations closes de barrières ; roman perpétuel, sans fin possible ; eunuque plus à plaindre que ceux de l'Orient.

A celui-ci appartient la fidélité du cœur.

Madame de Lucheux avait rêvé l'amour allemand comme beaucoup de femmes, qui d'abord ne veulent pas dépasser les limites de la femme honnête ; et elle faisait l'application de cet amour en prenant Gérard pour amant. Mais à l'amour allemand elle avait joint la coquetterie, sorte de perfectionnement, dont s'aggravait la position déjà si malheureuse de cet amant.

Il ne lui fallait point montrer de jalousie, ni pour le mari, nécessité vertueuse, ni pour des rivaux ; cela était indigne de lui et de sa maîtresse.

L'amour platonique, ainsi compris, devient

la plus barbare de toutes les tyrannies, le plus complet de tous les esclavages ; il est une confiscation matérielle effroyable au profit de la coquetterie des sens. Un double holocauste, physique d'un côté, moral de l'autre, accompli par un prêtre bicéphale, revêtu de deux sacerdoces, et les exploitant tous deux à son avantage.

— Mon bon Gérard, mon ami, disait souvent madame de Lucheux, pourquoi voulez-vous me faire descendre dans votre estime et dans la mienne ? Mon cœur ne vous suffit-il pas ? vous avez désiré mon amour, vous l'avez tout entier. Faut-il encore me réduire à tromper mon mari ? pouvez-vous souhaiter un indigne partage, ou vouloir m'amener à un éclat qui me perdrait et nous perdrait tous deux ? non, non, mon bien-aimé. Contentez-vous de ce que je puis vous accorder sans crime ; on a pu disposer de ma personne, mais mon cœur, nul n'a eu le droit, n'a eu le pouvoir de le livrer. Eh bien ! ce cœur vous appartient, ce cœur est tout à vous ; il vous est arrivé pur, avec toute sa virginité. L'union de nos âmes, voilà ce qui ne peut être rompu.

— Julie, répondait Gérard avec tristesse, en vous aimant je vous ai voulue tout entière, j'ai voulu toutes les voluptés de votre amour. Croyez-moi, les sens appartiennent au cœur ;

les séparer, c'est rompre ce que Dieu a uni, l'âme et la matière. Pourquoi vous aimé-je, dites, ma bien-aimée? parce que vous êtes une créature d'un autre ordre que moi, parce que le désir de la possession, instinct naturel qu'éveille en nous l'amitié d'une femme, ne peut être séparé de ces sentiments de l'âme que vous prétendez pouvoir exister seuls. Pourquoi l'amour est-il la plus forte de toutes les passions? c'est qu'il réunit toutes les puissances de la créature. Deux hommes ne peuvent avoir l'un pour l'autre ce que je sens pour vous au fond de ma poitrine. Et cependant, si l'amour, comme vous le prétendez, Julie, arrivait quelquefois à dépouiller tout à fait le désir de la possession, qui s'y opposerait?

Et Gérard, agenouillé devant madame de Lucheux, lui formait de ses deux bras une ceinture dont il l'entourait, et leur étreinte l'amenait tremblante sur sa poitrine.

Les lèvres de la jeune femme s'appuyaient sur le front de Gérard; leurs yeux éteints et voilés croisaient des regards sans force; leur haleine se mêlait, ils restaient anéantis dans l'abîme d'un bonheur dangereux, et pourtant incomplet.

— Doutes-tu encore de mon amour, Gérard? murmurait madame de Lucheux. Comprends-tu quelle force il me faut employer pour te résister ? Laisse-moi la paix de ma conscience, mon amour ; ne me force pas à rougir devant toi, devant mon mari !

Puis elle s'échappait des bras de Gérard, comme redoutant sa propre faiblesse, et le laissait plongé dans un désespoir habilement aiguillonné.

Certes, ces femmes-là sont coupables devant Dieu du plus grand de tous les péchés, de la plus abominable de toutes les perversités, qui approchent ainsi la coupe des voluptés des lèvres de leur amant et la retirent, alors qu'ils se sont enivrés de ses seuls parfums. Elles sont coupables, car elles n'ont l'excuse ni de l'entraînement, ni de la passion. Tout chez elles est calculé, et quand elles se penchent si fort sur l'abîme, qu'elles semblent s'y précipiter, elles savent à quelle profondeur elles doivent s'arrêter.

Pendant des journées entières Gérard fuyait madame de Lucheux, il courait en insensé à travers les bois et les prairies. Tous les feux du désir le brûlaient, et ce n'était que vaincu par la fatigue, exténué, brisé de douleurs, qu'il rentrait chez lui. Un soir, comme il revenait d'une de ces courses, plus malheureux, plus agité encore qu'à l'ordinaire, en passant devant la vieille cathédrale, il aperçut une porte qui n'était point fermée. Un instinct secret lui dit d'entrer dans le temple de Dieu, que là il trouverait de la force et des consolations. Il entra.

Le soleil, déjà couché, éclairait encore de ses dernières teintes de pourpre, de légers nuages qui semblaient se pencher pour le saluer à son départ; le reflet de ces lueurs vives et changeantes projetait une faible lumière sur les vitraux de l'église; de grandes masses d'ombres étaient imparfaitement éclairées par quelques petits cierges, qui brûlaient devant les images des saints. L'église était déserte.

Elle avait alors revêtu sa plus belle majesté, sa plus imposante magnificence; nulle poésie n'a d'images assez puissantes pour dire tous les mystérieux secrets d'amour divin, que l'heure du crépuscule voit flotter et planer dans les vieilles basiliques du moyen âge; la prière et l'amour semblent y faire vibrer des soupirs et des sanglots de dix siècles écoulés, la sonorité musicale de leurs chœurs et de leurs nefs immenses.

Gérard s'agenouilla dans la partie la plus ancienne de l'église, près d'un des piliers d'architecture byzantine, qui forment la ceinture et le support d'une coupole de forme octogone.

Devant ses yeux une longue plaque de marbre noir occupait un espace de six à huit pieds.

Longtemps Gérard resta sur la pierre, plongé dans ses réflexions; l'amertume de son cœur s'adoucissait au milieu du calme solennel qui l'entourait; sa fièvre s'apaisait sous l'influence de l'émotion pieuse dont son âme recevait l'impression. Enfin, cachant sa tête dans ses deux mains jointes, il sentit des larmes se faire jour à travers ses paupières fermées; la sensation extérieure s'anéantit en lui; pendant près d'une heure, il demeura dans cette position comme évanoui.

Quand il revint à lui, des chants frappèrent son oreille, et il aperçut, à la clarté de quelques cierges, quinze ou vingt paysans agenouillés autour de la pierre de marbre noir; un seul d'entre eux chantait, sur un mode lent et uniforme, une sorte de prière, divisée par strophes, entre lesquelles tous reprenaient en chœur le dernier vers de chaque strophe.

Ces hommes agenouillés paraissaient être venus de fort loin; leurs vêtements étaient couverts de poussière, et la fatigue se montrait sur leurs visages basanés. La prière qu'ils chantaient, en très-vieil allemand, ne se trouvait dans aucun des livres de piété que Gérard eût jamais lus; elle était simple et fort belle; il en répéta tous les mots après celui qui la récitait ; il chanta avec le chœur ; puis il eut dans les moments de silence des paroles secrètes, qui du fond de sa poitrine s'élancèrent ferventes vers Dieu.

Gérard était entré dans le sanctuaire troublé et malheureux ; son trouble s'était apaisé. Dieu avait versé son baume consolateur sur la blessure de son âme.

Les paysans, avant de quitter l'église que l'on s'apprêtait à fermer, chantèrent tous ensemble une dernière oraison, qu'ils répétèrent trois fois :

« Bienheureux saint Charlemagne, notre glorieux em-
« pereur, priez pour nous du haut des cieux, que le Dieu
« de bonté visite nos misères ;
« Qu'il guérisse nos âmes,
« Et qu'il nous pardonne nos péchés. »

Ces paysans allemands étaient des pèlerins venus de Cologne et des villes qui bordent le Rhin, et sur le marbre noir autour duquel ils étaient agenouillés, on pouvait lire à la clarté vacillante de leurs petits cierges :

CAROLO MAGNO.

Cette scène produisit une vive impression

sur Gérard ; il revint chez lui plus calme, il avait entendu la harpe de David ; il ne sentait plus la fatigue de ses agitations passées ; en traversant la cour de son hôtel, il aperçut de la lumière chez madame de Lucheux, et cependant il n'entra pas, là où il devait penser qu'on s'étonnait de son absence, et où bien sûrement il était attendu.

Il craignit qu'une seule parole, un seul regard de Julie ne lui rendissent tous les tourments et toutes les agitations que la prière avait eu la puissance de calmer; il craignit surtout de la voir, et de sentir renaître à sa vue les désirs désespérés, dont elle semblait se faire un jeu.

Gérard s'enferma dans sa chambre, comptant que ses fatigues lui feraient trouver le sommeil, l'oubli de tout.

Mais il n'en devait pas être ainsi ; vainement avait-il voulu fuir madame de Lucheux, vainement avait-il essayé par un effort de courage de chasser sa pensée.

Sur une petite table placée près de sa fenêtre, il trouva une lettre d'elle.

« Vous me fuyez, mon ami ; vous passez une
« journée entière sans me voir ; hier, en me
« quittant, votre visage m'a paru triste et sévère.
« Qu'avez-vous, quels nouveaux chagrins por-

« tez-vous dans votre cœur ? Faut-il croire,
« Gérard, que vous m'aimiez moins ? votre si-
« lence avec moi semblerait l'indiquer. Ne
« suis-je plus votre amie; pouvons-nous avoir
« des secrets l'un pour l'autre? parlez, parlez,
« votre tristesse me tue. Dis, mon bien-aimé,
« mon bon Gérard, quelle peine secrète caches-
« tu à la pauvre esclave de ton amour? aurais-je
« eu le malheur de te blesser; ou de t'affliger
« par quelqu'une de mes paroles, par quel-
« qu'une de mes actions ! ma faute serait invo-
« lontaire, et tu devrais me la pardonner. Tu
« n'es pas jaloux, non, cela n'est pas possible :
« oh! je t'en prie, dis-moi demain, dis-moi
« tout ce qui se passe en ton cœur; si quelque
« tristesse que je ne connais pas te trouble et
« t'accable, viens, mon amour, mes lèvres
« chasseront de ton front les soucis qui s'y ac-
« cumulent; viens, j'ai mille tendresses dont
« je veux te bercer, mon pauvre enfant, et
« qu'il me semble ne t'avoir point encore
« dites.

« Je vais passer une bien mauvaise nuit;
« toute triste, tout inquiète, je vais épier ton
« retour, t'entendre sera déjà un bonheur pour
« moi, et nos chambres ne sont séparées que
« par une légère cloison; nos deux lits sont
« adossés à la même muraille; avant de t'en-

« dormir, fais-moi entendre ta voix à travers
« la barrière qui nous sépare.

« Adieu, cher, à demain. »

L'angoisse de Gérard fut terrible durant toute la nuit; le calme qu'il espérait avoir conquis par la prière s'évanouit et fit place à la plus effroyable torture; une cloison, une frêle cloison le séparait de Julie; il entendait presque sa respiration; elle était là, à ses côtés, si près, et tout à la fois si loin.

Comme un prisonnier condamné à mort cherche, pendant la nuit qui précède son exécution, s'il n'est aucun moyen pour lui de percer les murs de son cachot; de même Gérard, exalté par une fièvre ardente, cherchait un moyen de parvenir jusqu'à sa maîtresse; il visita tous les coins de la chambre, sonda toutes les murailles, espérant y découvrir quelque porte oubliée, quelque communication mal refermée; ses efforts et ses recherches n'aboutirent à aucun résultat; alors il revint furieux vers son lit, et crispant ses doigts sur la muraille : Julie! Julie! cria-t-il; il crut entendre la voix de madame de Lucheux, qui répondait:

« Merci, Gérard, dormez bien. »

Souhait moqueur ou sincère, il ne fut point

exaucé ; le jour surprit Gérard, l'oreille collée contre la muraille, et cherchant à entendre la respiration calme et paisible de Julie.

Départ. — Arrivée.

L'on a raison de donner le nom de sage à celuy-là qui, par la cognoissance qu'il peut avoir du présent et du passé, sçait bien prévoir et mesurer le futur.

Le Renavd amovrevx, imité de l'italien du sieur Torquato Tasso, par le sieur DU LA RONCE. 1620.

XIX.

Un mois s'écoula rapidement pour Gérard dans une alternative de bonheur et d'angoisses. Madame de Lucheux se montrait tour à tour tendre jusqu'à l'abandon, ou froide jusqu'à la sécheresse.

Souvent elle souffrait que Gérard la prît entre ses bras, et elle y restait des heures entières toute frémissante ; d'autres fois elle s'offensait, se révoltait d'un baiser déposé sur son front.

Le marquis de Lucheux s'était accoutumé à voir sa femme passer en course des journées entières; il remerciait Gérard de ce qu'il voulait bien appeler sa complaisance à servir de chevalier à la marquise, et lui, se livrant à ses goûts investigateurs, butinait en véritable araignée tous les autographes qu'il rencontrait pour les enfouir dans sa collection.

Le mois d'août touchait à sa fin; le marquis et la marquise de Lucheux firent leurs préparatifs de départ; ils étaient attendus dans leur château le 1er septembre. Quoique la séparation dût être de peu de jours, puisque Gérard avait promis de les suivre presque immédiatement, les adieux n'en furent pas moins tristes.

La veille du départ avait été employée à revoir de nouveau tous les lieux où pour leur amour se trouvait un souvenir, et leurs différentes promenades. Dans toute cette journée Julie se montra tendre, empressée; elle ne refusa ni ses lèvres ni son front à l'ardeur de son amant; d'elle-même elle vint dans ses bras, et, se penchant à son oreille, elle lui dit :

Gérard, tout ceci n'est-ce donc pas le bonheur ?

Jamais plus douces paroles, jamais plus tendres regards ne furent échangés. Julie détacha le petit foulard de son cou, et le donna en souvenir de cette heure des adieux. Ce foulard était empreint de tous les parfums de la jeune femme; il avait touché son cou !

Gérard le reçut comme une précieuse relique

Ces regards, ces tendresses, ce mol abandon, ranimèrent toutes ses espérances ; il entrevoyait déjà le moment où, vaincue par son amour si vrai, si puissant, si inaltérable, Julie tomberait entre ses bras, en lui disant :

Mon Gérard, me voilà toute à toi, me veux-tu ?

Jusque-là l'amour de Julie ne lui offrait qu'une passion incomplète, qu'une douce rêverie, qu'un seul mot pouvait détruire ; pour qu'il se crût aimé, il lui fallait avoir surmonté tous les obstacles opposés à ses désirs.

Tant qu'il reste dans le cœur d'une femme une puissance supérieure aux puissances de l'amour, un rempart derrière l'abri duquel elle lutte pour se défendre des désirs de son amant, celui-ci sent en son âme germer le doute qui lui répète, en ses heures de sommeil, comme en ses heures de réveil :

L'amour, c'est la faute ; l'amour, c'est la culpabilité sous laquelle on se courbe avec bonheur. L'amour est plus fort que la crainte, plus puissant que toutes les pudeurs de la nature, il résiste même au remords, et l'étouffe en l'endormant.

Gérard sentit donc le souffle brûlant de nouvelles espérances monter vers son cœur. M. et madame de Lucheux partirent ; il goûta quelques jours d'un repos sans troubles, se plongeant avec délices dans ces supputations de l'avenir.

Huit jours après le départ du marquis et de la marquise de Lucheux, la voiture de Gérard sortit d'Aix-la-Chapelle par la porte de Vaëls, et, gagnant rapidement les Pays-Bas, atteignit bientôt la frontière de France. Chaque poste franchie le rapprochait de Julie, chaque heure écoulée diminuait la distance qui les séparait encore.

Les terres brunes et grasses de la Flandre et de l'Artois lui apprirent par leur présence qu'il approchait du but de son voyage.

Le même toit allait de nouveau le réunir à sa maîtresse; mais cette fois leur vie tout entière devait être commune; cette fois il allait être son hôte, dans l'isolement, dans la retraite d'une campagne. Tout ce que l'amour peut désirer de solitude et d'intimité, il l'entrevoyait; il y arrivait, déjà, dans sa pensée; Julie lui apparaissait avec ses grâces délicates, ses attentions pleines d'amour, et réservées pour lui seul.

Jamais une joie, un bonheur semblables; jamais sensations plus voluptueuses ne le bercèrent de leurs illusions, et la distance diminuait de plus en plus sous les pieds des chevaux.

— Sommes-nous encore loin du château de Lucheux? demanda-t-il au postillon.

— Non, parbleu, répondit celui-ci en faisant claquer son fouet; et désignant du bout du manche un grand château qui se détachait en masse blanchâtre sur un riveau boisé à l'horizon :

— Vous le voyez là, tout droit devant vous.

Alors, Gérard avança son corps en dehors de sa calèche; il prit une lorgnette, et rapprochant ainsi les objets de son œil, il put à son aise s'enivrer par avance de la vue des lieux qui, pour lui, renfermaient le bonheur.

Le château de Lucheux, vieille et magnifique habitation, bâtie sur la fin du règne de Louis XIV, dans le goût des constructions dont Mansard fit adopter la mode vers cette époque, se distinguait par un beau parc planté à la française, qui, l'entourant presque entièrement, rejoignait une cour ombragée de belles allées de tilleuls. Un bois de quelques centaines d'arpents joignait le parc, et des plaines immenses venaient ensuite. La façade du château, percée de nombreuses croisées, reflétait dans toutes ses vitres les feux du soleil couchant; on eût dit une brillante illumination, ou la lueur ardente d'un incendie; l'air était chaud et balsamique; les paysans, après leur journée de travail, cheminaient vers leurs villages que l'on voyait çà et là par les plaines, cachés au milieu de bouquets d'arbres. Il y avait encore dans les airs des cris et des chants d'oiseaux, des troupes de pigeons, regagnant les lointains colombiers, et sur la terre des troupeaux, que l'on ne voyait pas, secouaient leurs clochettes et bruissaient de tout côté.

Gérard, joyeux en son cœur, accepta ce riant tableau comme un riant augure.

Depuis quelques instants il gravissait une côte dont les arbres lui dérobaient la vue du château de Lucheux ; la route tourna tout à coup brusquement, la voiture se trouva en face d'une grille ouverte, une longue allée de hauts marronniers venait ensuite ; cinq minutes après, elle s'arrêtait au bas d'un perron élevé de quelques marches.

Ni le marquis, ni la marquise de Lucheux ne se présentèrent pour recevoir leur hôte ; un domestique survint, qui, s'emparant des malles du voyageur, les transporta dans l'intérieur du château. Puis un valet de chambre, la serviette à la main, le prévint que le dîner était commencé depuis dix minutes ; et, marchant devant lui, il lui indiqua le chemin qu'il devait suivre.

Cette réception contrastait tellement avec celle à laquelle Gérard s'était attendu, qu'il en fut à l'instant interdit et glacé ; ces formes cérémonieuses d'étiquette, ces valets envoyés au-devant de lui, firent évanouir la douce gaieté de son âme, la sérénité de ses pensées, produites par l'air heureux des campagnes qu'il venait de traverser. L'influence de tous ces présages, joyeusement accueillis, se dissipa, et, quand il fit son entrée dans la salle à manger, sa figure montrait une expression inquiète et triste. Toutes ses agitations lui étaient revenues.

Conversations.

> Quoi! monsieur, est-ce ainsi qu'on traite ses amis?
> REGNIER. (*Le Souper ridicule.*)

XX.

Huit ou dix personnes se trouvaient à table, parmi lesquelles Gérard reconnut au premier abord le comte de Jumiéges et la duchesse de Chalux; les autres convives, il les avait aussi rencontrés dans les divers salons de Paris, et tous lui firent un accueil gracieux, comme à une ancienne connaissance.

Gérard était venu chercher la retraite et le repos de la campagne, il trouvait le bruit et la ville; il arrivait en face de cette société dont il avait subi les calomnies, et qu'il s'était promis de ne plus revoir. Un mouvement de vive amertume souleva toutes les irascibilités de son âme; son regard, rencontrant celui de madame de Lucheux, dut exprimer une peine profonde, car la jeune femme en pâlit un instant; mais, comprimant aussitôt son mouvement passager de colère et d'indignation, Gérard se résolut à la résignation.

Toutes ces personnes ici rassemblées, pensat-il, comptent parmi mes juges et mes bourreaux; montrons-nous supérieur à leur basse inimitié; jetons-leur le mépris de mon juste dédain; ce n'est pas moi qui dois avoir à rougir, eux bien plutôt peuvent craindre qu'une indiscrétion ne me les ait dévoilés.

Fortifié et calmé par ces réflexions, Gérard se plaça à table entre M. de Jumiéges et une jeune femme, la seule peut-être qui lui fût totalement inconnue dans cette réunion.

La conversation s'engagea bientôt; mais l'entretien et la curiosité générale semblaient exclusivement concentrés sur Gérard. Il lui fallut répondre à vingt questions, presque indiscrètes, dont son absence, l'emploi de son temps, pendant les cinq années de sa disparition, et les projets qu'il pouvait avoir formés pour l'hiver dans lequel on allait entrer, étaient l'objet. Enfin ces questions cessèrent; il put alors observer quels hôtes étaient ceux du marquis de Lucheux.

La jeune femme qu'il avait près de lui fut de sa part l'objet d'un examen particulier.

L'expression de sa figure tenait le milieu entre la nullité et la prétention; nul indice de bonté ou de douceur n'était révélé par la conformation de ses traits, qui portaient plutôt l'empreinte d'une grande sécheresse de cœur et d'un égoïsme étroit. Elle aurait dû passer pour agréable, et pourtant elle déplaisait au premier coup d'œil; sa peau blanche manquait d'animation; ses lèvres minces et durement découpées, tranchaient d'un rouge vif sur son teint glacial; ses yeux étaient de ceux qui jamais n'ont connu les larmes de la sympathie, de l'attendrissement, ou de cette pitié, fille d'une âme noble; tout en elle était anguleux, l'ossification prédominait dans cette nature, qui semblait taillée en pleine pierre.

Son sourire sans charme refroidissait la joie; sa parole avait quelque chose de tristement monotone.

Gérard sentit malgré lui un instinctif éloignement pour cette bizarre nature; elle lui faisait froid, elle le glaçait.

— Dites-moi, demanda-t-il au comte de Jumiéges, quelle est la statue que j'ai près de moi?

— Le comte répondit en souriant: Comment, vous, le noble chevalier de notre châtelaine, vous ne connaissez pas son amie intime?

— Non, sur mon honneur; et je puis vous assurer qu'il ne me prendra jamais fantaisie de me déclarer le chevalier de ce bloc de marbre, que vous nommez l'amie de la châtelaine de céans.

— A la vérité, vous auriez quelque peine à vous rappeler notre Nénuphar; c'est ainsi que nous l'avons baptisée. Quand vous partîtes de Paris, il y a de cela cinq ans, sa belle intimité avec madame de Lucheux n'était point encore commencée, et je ne crois pas qu'elle se soit rendue cette saison-ci aux eaux d'Aix-la-Chapelle; mais vous devez mieux le savoir que moi, intrépide voyageur.

—Je ne l'y ai pas aperçue, répondit simplement Gérard. Est-il vrai que cette femme soit l'amie intime de madame de Lucheux?

— Si cela est vrai, monsieur de Stolberg! vrai comme la nullité du bon marquis. Cette femme se nomme madame la comtesse de Palissot; elle s'est établie le conseil, l'oracle, la voix, la pensée, la sibylle de madame de Lucheux; prenez garde de la toucher, c'est un glaçon entortillé de mousseline; le feu peut la faire fondre, il ne la réchauffera jamais; mais taisons-nous, elle nous entend, et vous tenez, je crois, à n'être pas mal placé dans l'esprit de madame de Lucheux. Madame de Palissot, retenez bien ceci, mon cher, est à elle seule toute l'institution de Saint-Dominique, habillée en femme.

Gérard se sentit froissé et malheureux de cette amitié extraordinaire entre deux femmes si différentes l'une de l'autre; il se mit à chercher quelles pouvaient en être les causes, le motif, quelle raison forçait madame de Palissot, la froideur et l'égoïsme même, à jouer les semblants d'une amitié qu'elle n'éprouvait pas. Plusieurs fois, pendant le cours de ses réflexions, il surprit un échange de regards entre sa maîtresse et madame de Palissot; et madame de Palissot lui parut, par ses regards, être consultée sur lui, pauvre arrivant, surpris par le monde quand il venait chercher la solitude.

Un grand découragement monta vers son cœur, car il vit clairement que son amour allait être soumis à l'enregistrement d'une femme sans passion, sans cœur, et qui ne le connaissait nullement; mais si ce découragement se fit sentir douloureusement à son âme, il n'en parut rien à l'extérieur; il ne voulut subir aucune pitié railleuse, aucun sourire sarcastique. Il se raffermit donc, songeant à quels ennemis il avait affaire, et de quelle nature étaient leurs coups de lance.

La conversation chevauchait toujours de sujets en sujets, passant de la politique à la littérature, de la littérature aux niaiseries de bavardage, des bavardages aux médisances.

Quand Gérard voulut s'y mêler, il la trouva s'occupant des plaisirs de l'hiver, d'arrangements de loges à l'Opéra, aux Italiens, de jours à prendre pour recevoir.

Chacun meublait sa saison.

— Madame de Pontmartin, disait en minaudant la duchesse de Chalux, n'est-ce pas à la fin de décembre que le baron Stilher donne sa première fête ?

Au nom du baron Stilher, Gérard devint attentif.

— Oui, madame la duchesse, répondit madame de Pontmartin ; pourrait-il vous être agréable d'y faire inviter quelqu'un ? Vous savez que j'ai bien voulu me charger de faire la liste des invitations, car ce pauvre baron ne connaissait à Paris qu'une société fort étrange.

Le comte de Jumiéges demanda avec instances à être porté sur la liste.

— Ce sera fort beau, dit-on, observa madame de Lucheux.

— Mais, oui, fort beau, reprit madame de Pontmartin. Je me suis fait donner carte blanche ; et je puis tailler et rogner à ma guise.

— Ce qui est à craindre, c'est que la société ne soit bien mêlée, dit la duchesse.

— Quant à cela, n'ayez aucune inquiétude, j'y ai mis bon ordre; toutes les invitations m'appartiennent; et j'ai déclaré au baron Stilher qu'il n'avait qu'un droit, celui d'amener sa propre personne.

Et tout le monde répondit : Alors, c'est à merveille.

— Monsieur de Stolberg doit connaître le baron de Stilher, observa d'un air passablement sec la comtesse de Palissot, dans l'intention évidente de mettre Gérard en jeu dans cette conversation, et de l'observer plus facilement. Je crois qu'ils sont du même pays.

— Cela est parfaitement vrai; M. de Stilher m'a dit qu'il était Prussien. Et madame de Pontmartin regarda Gérad comme attendant une réponse.

Mais Gérard ne répondait pas encore. Sa figure exprimait une joie, dont un sourire sardonique relevait l'expresssion.

— Irez-vous cet hiver chez votre brillant compatriote, monsieur de Stolberg ?

Cette question de la duchesse était directe. Aussi Gérard ne put-il s'empêcher d'y répondre ; il le fit d'abord aussi brièvement que possible.

— Non, madame la duchesse.

— Pourquoi, non ? Vos deux familles seraient-elles brouillées, ou bien n'êtes-vous pas lié avec le baron de Stilher ? si vous voulez je vous présenterai ; c'est un homme charmant, et qui bientôt sera de la meilleure compagnie.

— Je le connais parfaitement, madame.

La physionomie de Gérard avait pris quelque chose de grave et de décidé, une expression de contentement calme qui frappèrent surtout le comte du Jumiéges, la marquise de Lucheux et la comtesse de Palissot ; tous trois le regardèrent, cherchant à deviner l'intention de ce calme et de cette tranquillité assurée.

—Vous le connaissez !... je ne vous comprends plus, monsieur de Stolberg ; vous le connaissez, et vous refuserez de venir à ses fêtes, quand tout Paris s'y portera avec rage ! dit la duchesse.

Gérard parcourut d'un œil triomphateur le cercle formé autour de la table, et répondit ensuite, avec un léger tremblement d'émotion dans la voix.

— Je connais le baron de Stilher, madame la duchesse, et c'est justement parce que je le connais que je ne veux point aller à ses fêtes. En Prusse, tout le monde le connaît, et personne ne le reçoit ; devenu baron par sa propre grâce, si ce n'est par celle du diable qu'il a longtemps servi, il a compris que l'Allemagne n'était pas un théâtre convenable au développement de son luxe, de ses richesses et de son aristocratisme. Il a cherché un refuge en France, et nous admirons tous avec quelle indulgence vous l'avez adopté. Le baron de Stilher, M. de Stilher, ou plutôt Stilher tout court, a commencé par être un adroit fripon, prêtant de l'argent à la petite semaine, usurant à intérêts exorbitants; puis il a fini par être un gros banquier. Comme usurier, il a subi deux condamnations motivées; comme banquier, il faut être juste, on ne peut lui reprocher qu'une seule banqueroute. Aujourd'hui, il se fait appeler le baron de Stilher; mon père l'a connu prêteur sur gages dans une échoppe. Vous trouverez peut-être, madame la duchesse, qu'en Allemagne nous sommes un peu collets montés, que nous nous inquiétons trop des antécédents de chaque individu qui veut s'élever; nous pensons que l'or ne purifie pas tout; enfin si, comme Prussien, je ne puis voir le baron de Stilher; comme voyageur, je le considère à cause de sa haute curiosité.

— Je sais, répondit madame de Pontmartin, évidemment piquée jusqu'au vif, que l'on a fait courir d'étranges histoires sur le baron de

Stilher ; mais il n'y a jamais eu rien de prouvé, et nous sommes tous si méchants qu'il est permis de croire, dans tous les cas, que ces histoires ont été fort embellies.

— La société parisienne n'est pas si méchante que vous voudriez le faire croire, madame, répliqua Gérard. Vous voyez qu'en cette circonstance elle ferme les yeux sur deux jugements et une banqueroute.

— Vous êtes bien médisant aujourd'hui, monsieur de Stolberg. Et la marquise de Lucheux adressait à Gérard un regard presque suppliant, pour l'engager à plus de modération.

— Médisant, dit-il en s'inclinant d'un léger mouvement de tête ; soit : du moins je n'ai jamais calomnié personne.

Madame de Lucheux, évitant de répondre, se hâta de se lever. Le signal ainsi donné, chacun se rendit au salon ; Gérard de Stolberg et le comte de Jumiéges restèrent seuls un instant.

— Courage, mon cher Gérard, dit ce dernier ; vous vous êtes montré vigoureux. Vous aviez, pardieu, cent fois raison, d'abord sur le fond de la question, puis à cause des motifs à vous particuliers, que je devine, que je comprends. Mais maintenant prenez garde, vous vous êtes fait dix ennemis.

— Et pensez-vous, monsieur de Jumiéges,

que tous ces gens-là ne fussent pas déjà mes ennemis ?

— Non assurément, ils frappaient sur vous, à votre tour; mais maintenant ce sera tous les jours. Vous avez voulu les faire rougir.

La soirée se passa sans autre incident remarquable; la duchesse de Chalux eut un long entretien avec Gérard; sa rude sortie l'avait amusée. Elle le fit beaucoup causer sur M. de Stilhèr, sur l'origine de sa fortune; se préparant ainsi des matériaux pour abaisser l'orgueil du parvenu, s'il tentait jamais de secouer le patronage sous les auspices duquel il faisait son entrée dans la bonne compagnie; après avoir épuisé ce sujet, la duchesse arriva, par une habile transition, au voyage de madame de Lucheux à Aix-la-Chapelle; usant de toute sa finesse, elle sonda le cœur de Gérard, espérant aussi, par les renseignements qu'elle s'attendait à tirer de lui, par les moitiés de secrets qu'elle comptait lui arracher, le mettre dans sa dépendance.

Mais Gérard se tint sur ses gardes, et la duchesse fut forcée de demeurer avec ses suppositions et ses conjectures. Furieuse de n'avoir point réussi dans son voyage de découvertes, pour le succès duquel elle avait prodigué ses coquetteries les plus gracieuses, elle passa des suppositions à la certitude, et décréta qu'une intrigue dans toutes les règles, qu'une liaison très-complète existait entre le comte de Stolberg et la marquise de Lucheux.

Le thé fut servi à dix heures ; alors, il y eut une petite confusion de tous les groupes qui s'étaient formés; un moment de liberté générale, pendant lequel Julie et Gérard se trouvèrent rapprochés.

— Gérard, lui dit la jeune femme, soyez donc plus calme et plus modéré, vous m'avez affligé tout à l'heure, en vous créant des ennemis.

— Vous m'aviez amené par surprise devant un monde que je voulais fuir ; j'ai pris ma revanche, Julie, je lui ai rejeté le mépris qu'il avait voulu me faire subir. Maintenant, je suis satisfait; je vais être calme et modéré, vous n'aurez plus à vous plaindre de moi. Une seule chose me cause une peine mortelle, c'est tout ce monde qui nous entoure.

— Croyez-vous, mon ami, qu'il ne me pèse pas autant qu'à vous ? mais quand cette réunion fut décidée, je ne savais pas encore quel bonheur m'attendait à Aix-la-Chapelle.

— M'aimez-vous toujours, Julie; m'aimez-vous comme le jour de nos adieux au bois de Bergerbusch ?

— Vous n'en doutez pas, Gérard. Les yeux de madame de Lucheux étaient brillants de bonheur et d'amour.

Madame de Palissot s'avança subitement, et, prenant madame de Lucheux par le bras, elle lui dit avec une sorte de reproche aigre-doux : — Venez donc nous servir du thé, Julie; il n'est pas permis à une maîtresse de maison de se dispenser dans un *à parte* des devoirs de châtelaine.

Les derniers mots de cette phrase voulurent être prononcés en souriant; le sourire qui les accompagna montrait à Gérard quelque chose de haineux, qui lui fit dire en son cœur :

— Cette femme est mon ennemie.

Bientôt après chacun se retira dans sa chambre, et Gérard eut le loisir de se livrer aux réflexions que les événements de la journée devaient faire naître en lui. Un si grand bouleversement avait eu lieu dans ses idées, un si grand changement s'était fait dans tous les arrangements de son séjour à Lucheux, qu'il retrouvait à peine ses volontés premières.

Venu en Artois pour goûter, dans une solitude et un calme complets, les bonheurs d'un amour longtemps attendu et chèrement acheté, il y trouve la société qu'il a juré de fuir. Placé en présence des diffamations dont il a été accablé par elle, une juste indignation anime sa parole; l'occasion de se venger se présente, il la saisit. Il frappe sur les deux joues cette société calomniatrice; il la prend en flagrant délit de bassesse, se courbant sous des fourches Caudines élevées de ses propres mains, anoblissant, élevant jusqu'à elle un homme taré, pour se procurer quelques bals, quelques fêtes de plus pendant le cours de l'hiver. Il surprend cette société la main dans le sac, comme une abominable recéleuse, croyant purifier par ses joies l'or arraché par l'usure; il saute au milieu de cette boue fangeuse, et de ses pieds il en fait jaillir des éclaboussures qui marquent au front ses ennemis; ses ennemis, car il vient de s'en créer, qui ne pardonneront jamais.

Mais que lui font et ces inimitiés et ces haines, il est satisfait; il a forcé à rougir ceux qui voulaient le frapper de leurs calomnies; il s'est vengé. Ses ennemis ont pour eux une haine qu'ils mettront à profit; lui a pour armes le mépris; d'ailleurs il n'attend et n'espère rien de ce monde, il n'ira point frapper à la porte de ses salons.

Fort de l'amour de Julie, cet amour fera son espérance, remplira sa vie.

Ses ennemis découvriront cet amour; ils le soupçonnent déjà. Alors ils l'attaqueront, lui, dans son affection la plus chère, dans sa seule affection; ils chercheront à se venger en brisant son cœur.

Gérard ne se dissimula point qu'une guerre, sans espoir de paix, était déclarée entre la société et lui, et dès ce moment il se prépara bravement à la soutenir. Un seul regard de madame de Palissot lui avait dit : Voilà ton ennemie. Il résolut de causer dès le lendemain avec madame de Lucheux de cette inimitié qu'il ne pouvait se dissimuler.

1

Diplomatie.

On ne peut concevoir la conduite que tint alors lord Chatam.
Mémoires tirés des papiers d'un homme d'État.

XXI.

Le lendemain matin Gérard se leva de bonne heure, et, comme si une convention eût été faite la veille entre eux, il rencontra madame de Lucheux se promenant dans une des allées les plus solitaires du parc, hors de la vue du château. Julie paraissait soucieuse et inquiète ; la présence de Gérard ne la surprit pas, et cependant elle la fit tressaillir. On voyait, à l'air fatigué de son visage, que sa nuit avait été mauvaise, que quelque chose la troublait ; sa contenance était embarrassée. Ils s'abordèrent en silence, et marchèrent quelque temps côte à côte sans s'adresser une parole. Gérard, le premier, sortit de ce silence.

— Vous avez une amie dont vous ne m'aviez pas parlé, Julie ; d'autres m'ont appris l'autorité dont elle jouit près de vous. J'ai observé votre amie attentivement, et maintenant je viens causer d'elle avec vous, parce que je la reconnais pour mon ennemie.

— Vous vous trompez, Gérard, répondit avec quelque hésitation madame de Lucheux, vous vous trompez tout à fait. Madame de Palissot n'est pas votre ennemie ; qui peut vous le faire supposer ?

— Toutes mes observations, toutes ses paroles, toute sa conduite, me donnent ce droit. Nierez-vous, Julie, qu'elle vous ait parlé de moi ; nierez-vous, Julie, qu'elle vous ait fait des questions, qu'elle vous ait adressé des observations sur mon séjour à Lucheux ?

— Non, je ne le nierai pas, car tout cela est vrai ; mais elle ne m'a pas mal parlé de vous. Madame de Palissot est mon amie ; son affection pour moi a pu être alarmée d'un amour qu'elle a deviné, Gérard. Elle m'a fait entrevoir les difficultés de ma position ; elle m'a fait réfléchir sur le danger d'un éclat qui me perdrait. Mais, encore une fois, elle n'est point votre ennemie.

— Madame de Palissot ne vous a dit que cela, Julie?

— Elle m'a rappelé, sans les croire, les accusations dont vous avez été la victime; elle a déploré votre violente sortie d'hier, juste, elle en convient; mais cet éclat vous a créé des ennemis, et pour moi, Gérard, pour moi, son amie, elle redoute vos ennemis, qui seront aussi les miens s'ils découvrent notre attachement.

— Votre amour n'a-t-il point été ébranlé de tous les raisonnements de madame de Palissot?

— Non, mon ami, il n'en a pas été ébranlé; seulement, vous l'avouerai-je, j'ai peur...

— Chassez cette peur, ma bien-aimée, dit Gérard en lui serrant la main; montrez-vous fière et hardie, personne n'osera vous attaquer; laissez madame de Palissot avec sa nature de glace, sa prudence chercheuse de difficultés; laissez-la entasser ses craintes chimériques. Vous savez, Julie, que je n'irai point dans ce monde, il ne pourra donc espionner ni surprendre les mystères de notre intimité. Madame de Palissot est égoïste, elle occupe la première place dans vos affections; maintenant, elle craint de se voir réduite à la seconde, si elle ne parvient à rompre notre amour.

— Madame de Palissot n'est pas égoïste,

Gérard ; mais il est vrai qu'elle craint votre empire sur moi.

— Et vous, le redoutez-vous beaucoup, Julie? répondit Gérard avec une admirable sourire de confiance et d'amour.

Comme ils étaient arrivés au plus épais d'un petit bois, Gérard attira vers lui sa jeune maîtresse, et, pressant de ses lèvres ses lèvres tremblantes, il répéta :

— Craignez-vous beaucoup mon empire, ma bien-aimée?

Madame de Lucheux ne put résister à toute la tendresse, à tout l'amour qui brillait dans les yeux de Gérard, qui éclatait dans ses paroles; elle lui rendit son baiser avec une émotion de bonheur ineffable; en ce moment, son amour était vrai, profond, sans coquetterie.

— Gérard, mon ange adoré, je t'aime de toutes les puissances de mon âme ; ne crains ni madame de Palissot ni qui que ce soit au monde, mon cœur est à toi, rien qu'à toi.

Pendant une demi-heure encore, ils continuèrent leur promenade, heureux, confiants, se berçant sur la mer des espérances, et ne voyant devant eux que des jours heureux.

Madame de Lucheux avait oublié son rôle de femme du monde, elle s'était laissé surprendre à l'attrait d'un bonheur que la société ne lui avait jamais offert; plus cet instant fut court, plus il réunit de félicités morales que ni l'un ni l'autre ne devaient jamais oublier.

La cloche du déjeuner les tira de leur charmante retraite. Julie regagna le château par le chemin le plus bref. Gérard continua encore un quart d'heure sa promenade, promenant au grand air, dont il avait besoin, sa joie et son enivrement. Le sang battait fortement dans ses artères, sa poitrine aspirait à longs traits les bouffées d'air chaud qui lui arrivaient toutes parfumées à travers des buissons de roses. Des mots sans suite se pressaient sur ses lèvres heureuses; il prenait plaisir à exercer ses forces et son audace, en franchissant les haies, les fossés; l'activité était devenue un besoin pour lui.

Après un quart d'heure de violent exercice, de courses précipitées, d'émotions voluptueuses parties du cœur, Gérard revint vers le château pour se retrouver en présence de la ligue de ses ennemis, pour se préparer à leurs attaques, et déjouer, s'il le pouvait, leur ruse. Comme il arrivait, on se mettait à table; il espéra que son absence n'aurait point été remarquée, et il s'assit entre M. de Jumiéges et madame de Palissot.

M. de Jumiéges avait un air fin et narquois, auquel Gérard ne fit point attention; son appétit, excité par sa course violente, ne songea d'abord qu'à se satisfaire. M. de Jumiéges le laissa tout entier à cette occupation pendant quelques minutes; puis, quand il le vit devant son assiette vide.

— Votre course de ce matin vous a donné de l'appétit, monsieur de Stolberg, lui dit-il.

Gérard ne put s'empêcher de rougir.

— Ne craignez rien, mon cher ami, je suis le plus discret de tous les bavards, et d'ailleurs je ne sais pas si vous avez rencontré madame de Lucheux dans votre promenade ; elle se lève aussi de fort bonne heure; à ce qu'il paraît, l'exercice lui est fortement recommandé.

Gérard rougit de plus en plus.

— Voyons, ne rougissez pas comme une jeune fille ; vraiment, tout autre que moi vous croirait plus coupable que vous ne l'êtes réellement. Ne craignez rien, votre secret est en sûreté; je vous parais léger, inconséquent, railleur, égoïste, tout cela est possible; comme un autre j'ai dit du mal de vous quand il était de mode d'en dire; mais aujourd'hui vous m'intéressez ; vous nous avez bravement attaqués, je suis curieux de savoir comment vous vous tirerez de la bataille ; je vous promets de rester neutre ; je crois même que mes vœux seront pour vous, parce que vous êtes brave, et vous avez affaire à des lâches.

Gérard contemplait avec étonnement le comte de Jumiéges; il ne pouvait comprendre ce sang-froid et ce mépris de soi et des autres, qui perçait dans ses discours. Il vit bien que tout l'intérêt qu'il avait excité en lui venait du plaisir qu'il se promettait de la prolongation d'une lutte, dont les incidents se revêtaient, d'un intérêt de haute curiosité.

Le taureau et le matador se trouvaient en présence, et attendaient le dernier coup.

Et puis le comte de Jumiéges s'était pris d'une sorte de passion pour le taureau ; cela s'est vu quelquefois; sans espoir de le voir triompher, il souhaitait qu'il fît une bonne et noble défense ; le comte de Jumiéges se promettait de crier : Bravo, bravo !

Après le déjeuner, toute la société se divisa; les uns jouèrent au billard, d'autres montèrent dans leurs chambres pour écrire leurs lettres. Il ne resta au salon que madame de Lucheux, madame de Palissot; le comte Jumiéges et Gérard.

Le comte de Jumiéges faisait une lecture, pendant que la maîtresse de la maison et son amie travaillaient à quelque broderie ; Gérard écoutait peu la lecture; ses yeux étaient fixés sur Julie, et sa pensée s'agitait, inquiète de l'avenir. Julie levait quelquefois vers lui ses yeux empreints d'amour et de coquetterie ; elle était heureuse et amusée d'un amour si nouveau, d'un amour romanesque ; cet amour était pour elle une rêverie, un enchantement ; cet amour enfin était plus que la lecture d'un roman, c'était presque sa réalisation.

Depuis à peu près une heure le comte de Jumiéges fatiguait ses poumons au profit d'auditeurs dont aucun ne l'écoutait, et lui-même, s'apercevant de leur distraction, commençait à penser à toute autre chose, quand madame de Palissot, jetant un regard sur l'avenue de vieux marronniers, qui précédait la cour du château, s'écria, avec une expression de joie très-marquée :

— Julie, regardez donc ; je ne me trompe pas ; c'est Arthur de Chenevières.

Tandis que cette exclamation partait de la bouche de madame de Palissot, Gérard avait les yeux fixés sur la figure de madame de Lucheux ; il la vit rougir et pâlir successivement.

—Allons, dit-il en lui-même, voici mon rival.

L'expression de joie, mauvaise et railleuse, empreinte sur tous les traits de madame de Palissot, le confirma dans cette pensée.

Le comte de Jumiéges trouva moyen de lui dire à l'oreille: Garde à vous, voici le moment.

Gérard ne douta plus.

M. de Chenevières fit bientôt son entrée dans

le salon. C'était un homme d'une trentaine d'années, grand, mais taillé avec élégance, gracieux dans ses mouvements, avec un certain air de hardiesse et de confiance qu'on aimait à trouver en lui.

Ses traits étaient beaux, non d'une beauté fade et sans caractère, mais d'une beauté mâle et vigoureuse, qui n'est cependant pas cette beauté matérielle des hommes du peuple, des hommes de l'instinct, de la matière. Une grande intelligence brillait dans ses yeux, recouverts d'épais sourcils parfaitement dessinés; sa bouche, ombragée d'une moustache blonde et tombante, était parfois railleuse ou sceptique, comme cela arrive souvent aux hommes qui ont l'expérience du monde; de beaux cheveux blonds, abondants et frisés, encadraient son front large et carré.

Arthur de Chenevières était non-seulement un homme très-agréable, c'était encore un homme distingué.

Madame de Palissot le reçut avec des témoignages d'une joie tellement en dehors de ses habitudes et de son caractère, qu'il devint évident pour Gérard qu'elle pensait avoir trouvé le poignard dont elle voulait l'assassiner.

Ce poignard, c'était Arthur de Chenevières. Si la réception de madame de Palissot avait été cordiale, joyeuse et presque chaleureuse, celle de madame de Lucheux fut embarrassée; à peine parla-t-elle, elle n'osait plus regarder Gérard, et ne levait pas les yeux sur M. de Chenevières qui, lui-même, étonné de cette froide réception à laquelle il ne paraissait pas s'attendre, en cherchait le motif avec une anxiété évidente. Il vit Gérard, dans le coin où il s'était retiré, pour être mieux à même d'observer ce qui se passerait; un soupçon traversa son esprit, et lui aussi se dit : Voilà mon rival. Car cet homme, qu'il voyait là pour la première fois, près de madame de Lucheux, il ne le connaissait pas; cet homme, dans le peu de secondes où leur regard s'était croisé, lui avait montré une défiance et une inimitié, que lui éprouvait également.

M. de Jumiéges, voyant la partie bien alignée, chaque pièce à son poste, se dit en lui-même : Croisons les lames, et mesurons les fers. Il s'approcha de Gérard, et le ramena près du petit groupe des deux femmes, où M. de Chenevières s'était établi.

— Je ne crois pas, dit-il, que M. de Chenevières soit connu de M. de Stolberg, ni que M. de Stolberg le soit de M. de Chenevières; c'est une fort bonne méthode que celle de nommer les gens qui se rencontrent l'un à l'autre.

Les deux jeunes gens s'inclinèrent ; et le comte de Jumiéges ajouta tout bas : Voyons qui maintenant portera la première botte.

Explication.

Mais il vivra toujours en douleur asservie.
P. DE RONSARD.

XXII.

Le marquis de Lucheux avait fait trêve à ses travaux, à ses recherches, à ses classements, sans cesse recommencés, pour s'occuper de la nombreuse société réunie dans son château; les fêtes et les parties de chasse se succédaient rapidement. De nouveaux hôtes étaient venus se joindre à ceux avec lesquels le lecteur a déjà pu faire connaissance. Presque tous les matins la duchesse de Chalux et la marquise de Pontmartin montaient à cheval, accompagnées du comte de Jumiéges; quelques hommes et deux ou trois jeunes femmes parcouraient à pied, en compagnie du marquis de Lucheux, les campagnes environnantes. Ces matinées-là amenaient pour le château des moments de calme et de silence. Madame de Lucheux, madame de Palissot, M. de Chenevières et Gérard de Stolberg en profitaient pour retarder ou hâter l'instant de la bataille décisive, d'où devait dépendre la possession du cœur de Julie.

Gérard, devenu plus calme depuis qu'il avait pu saisir sa jalousie corps à corps, depuis qu'il se voyait en présence d'un danger connu, qu'il ne flottait plus dans les terreurs de l'incertitude, avait aussi ressaisi toutes ses facultés, toute la puissance de son esprit. Pour qui eût été à même de l'observer avant sa venue en Artois et depuis l'arrivée de M. de Chenevières, certes il eût paru bien différent. Gérard avait compris la nécessité de conserver et d'augmenter, autant que cela pouvait être en lui, les moyens acquis par lesquels il avait su plaire à madame de Lucheux. Une observation constante, soutenue, l'avait conduit à reconnaître un grand fonds de coquetterie et de légèreté, dans le cœur de sa maîtresse ; il l'aimait toujours de tout ce premier amour qui résiste aux plus rudes épreuves ; mais il comptait moins sur la fermeté et la constance de cette jeune femme, au repos de laquelle il avait sacrifié les plus belles et les plus riantes années de sa jeunesse.

Madame de Lucheux avait passé par les épreuves du grand monde ; son esprit s'était imbu de sa funeste instruction, son cœur avait été atteint de cette gangrène morale qui atrophie les qualités et les sentiments les plus suaves et les plus purs ; cependant ce cœur n'était point encore corrompu, mais il était malade.

Il fallait, pour l'arracher à cette maladie, la persévérance et la force d'un amour tel que celui de Gérard de Stolberg ; il fallait cette surveillance de chaque instant, cette puissante passion que ne rebute aucun obstacle; il fallait encore cet empire sur soi-même, immense faculté, difficile vertu, sans laquelle il est impossible de parvenir à aucun résultat.

Gérard se sonda avec un courage héroïque; il ne tint compte, ni des tortures qu'il aurait à endurer, ni des plaies de son âme dont l'agrandissement lui serait un rude martyre. Il ne vit qu'une chose, une seule chose ; au milieu de ces difficultés il n'entretint qu'une espérance, celle d'arracher aux corruptions du monde, la femme de son premier amour, celle de purifier, par cet amour même, une noble nature placée sur la pente des fautes, des chagrins et de l'amer repentir.

Depuis l'arrivée de M. de Chenevières, Julie n'était plus la même pour Gérard, son humeur s'était assombrie; si quelquefois, bien rarement, il lui arrivait de le rencontrer seul, les expressions de son amour revêtaient une sorte d'hésitation et d'embarras, qui dénonçaient une lutte pénible. L'influence de madame de Palissot se faisait de jour en jour sentir un peu plus, et pourtant il y avait des heures où madame de Lucheux, secouant la tutelle qui l'oppressait, revenait par un mouvement passionné et plein de charme, vers son amant.

Ce fut ainsi qu'un jour, quelques instants avant le dîner, Gérard se trouvant seul encore au salon, plongé dans ses rêveries et ses inquiétudes, n'entendit pas le pas léger et le froissement de la robe de Julie. La jeune femme le contempla un instant, immobile; elle se sentit une profonde pitié, un amour vrai pour la jeunesse et l'amour de cet homme qu'elle savait si entièrement dévoués; elle redevint elle-même; elle ne songea plus à rien, si ce n'est à Gérard et au bonheur que lui avaient causé ses premiers aveux; alors elle s'approcha de lui sans bruit, prit sa tête entre ses mains, et froissant presque convulsivement ses lèvres, ses yeux, son front, de ses lèvres agitées, elle lui dit avec des sanglots :

— O mon amour, mon bien-aimé! tu m'aimes, toi, cependant; tu ne me trompes pas, tu ne veux pas me perdre!

Ce mouvement, cette exclamation, ces baisers frénétiques, en dirent plus à Gérard que n'auraient pu lui en apprendre des journées entières d'observation ; il connut les combats, les agitations, les obsessions auxquelles madame de Lucheux se trouvait livrée ; il vit que la noblesse du cœur, la pureté première de l'âme n'étaient point tout à fait détruites, et il espéra.

Malheureusement, le bruit de quelques personnes qui approchaient empêcha une plus longue explication. Madame de Lucheux se jeta dans un vaste fauteuil ; toute émotion disparut de sa figure, et quand les portes du salon furent ouvertes, la femme du monde dominait de nouveau la femme vraie, la femme au cœur sincère et aimant.

Madame de Palissot et M. de Jumiéges firent leur entrée en causant et en médisant probablement ; mais à peine eurent-ils aperçu Julie et Gérard, seuls dans l'immense salon, leur conversation cessa, et madame de Palissot, d'un air inquiet et interrogateur, fit un léger signe de tête à madame de Lucheux, et toutes deux se retirèrent dans l'embrasure d'une fenêtre éloignée, laissant à l'autre extrémité du salon M. de Jumiéges et Gérard, étonnés de ce mystère.

— Voilà un coup de seconde qui n'est pas trop mal porté, qu'en dites-vous, Gérard? demanda M. de Jumiéges; connaissez-vous la riposte?

— Peut-être, répondit Gérard; car son interlocuteur était devenu pour lui une sorte de confident, dépositaire seulement de ce qu'il ne pouvait cacher.

— Peut-être, ajouta-t-il, d'un ton plus triste et plus sombre.

— Bravo, mon cher Gérard, mais songez en même temps à la parade, et couvrez-vous.

A ce moment M. de Chenevières arrivait et traversait l'appartement, sans apercevoir madame de Lucheux et madame de Palissot, presque entièrement cachées par les plis d'un ample rideau. Madame de Palissot l'appela, et l'accent de joie secrète qui perçait dans le son de sa voix semblait dire à Gérard : Êtes-vous bien blessé?

Toute la société du château de Lucheux se trouvait réunie, et le dîner avait été annoncé.

Le comte de Jumiéges, en désignant les trois personnes groupées dans l'embrasure de la fenêtre, dit à Gérard, avec un diabolique sourire :

— L'affaire se complique, brave champion; comment tirerez-vous votre beauté, votre belle divinité de cette captivité-là ?

Gérard ne répondit pas un mot, sa figure pâlie et ses lèvres serrées annonçaient une détermination profonde; il traversa le salon, suivi des yeux par le comte de Jumiéges ; puis arrivant sérieux et calme à madame de Lucheux, il lui offrit son bras, en répondant par un sourire amer à madame de Palissot, un instant étonnée de son sang-froid et de sa résolution ; il conduisit Julie, dont le bras tremblait sur le sien, jusqu'à la salle à manger. Là, comme il s'apprêtait à s'éloigner pour regagner sa place accoutumée, madame de Lucheux lui fit signe de s'asseoir près d'elle.

Ce fut un instant de triomphe, de bonheur et d'espérance pour Gérard ; madame de Lucheux le lui devait, car il avait souffert une telle douleur, qu'il en garda la pâleur jusqu'au soir.

Gérard et M. de Chenevières sans avoir pris l'un vis-à-vis de l'autre une attitude hostile, s'observaient mutuellement ; ils ne laissaient échapper aucune occasion de se ranger dans des partis différents, à chaque discussion qui survenait, soit politique, soit littéraire; ce n'était pas de l'inimitié, c'était plutôt nécessité de position, car ils s'estimaient, et, dans le fond de leur cœur, ils rendaient justice complète à leurs qualités réciproques. Tous deux étaient hommes d'esprit et de cœur, tous deux se distinguaient par une imagination vive et brillante; tous deux aimaient véritablement.

Les veillées ne se prolongeaient que fort rarement jusqu'à onze heures; ordinairement, quand dix heures et demie sonnaient, chacun remontait dans sa chambre, et le salon devenait désert.

Un soir, Gérard de Stolberg et M. de Chenevières restèrent seuls à finir une partie d'échecs longtemps disputée. Quoique l'on fût au mois de septembre, et dans le nord de la France, le temps s'était conservé chaud et sans pluie, les soirées calmes et pures; au moment où les deux jeunes gens allaient se séparer, ils aperçurent, par une des croisées laissée ouverte, le parc et la grande avenue de marronniers magnifiquement éclairés par la lueur bleuâtre de la lune; les grandes ombres que projetaient les masses de feuillage rendaient plus vives les lumières qui leur étaient opposées; aucun vent ne soulevait les premières feuilles jaunes et brûlées détachées des arbres et tombées sur le sable des allées, ou le gazon des parterres.

Dans la campagne que l'on apercevait au loin il régnait aussi un repos complet. Les horizons se montraient vides d'animation; les heures, monotonement répétées par les horloges des villages, annonçaient seules que la vie et le mouvement de toutes ces campagnes n'étaient que suspendus; on n'entendait aucun bruit sur la terre, aucun bruit dans le ciel, si ce n'est celui d'un oiseau de nuit, solitaire plaintif, dont le cri aigu remplit l'âme de mélancolie.

Gérard de Stolberg et Arthur de Chenevières furent saisis tous deux des mêmes impressions à la vue de ce spectacle. Après s'être débarrassés de leurs habillements du jour, avoir revêtu de grandes robes de chambre légères, ils descendirent au jardin, et, s'enfonçant sous l'allée de marronniers, ils commencèrent leur promenade nocturne.

— Fumez-vous? demanda Gérard. Moi, j'ai cette habitude. Et si cela ne vous est pas désagréable, je vous proposerai d'allumer des cigares.

—Volontiers, répondit Arthur.

—Ne trouvez-vous pas, monsieur de Chenevières, qu'un cigare est un compagnon de peines, de plaisirs, de douleurs, de folles joies, qu'on ne saurait trop apprécier? Un prisonnier qui peut fumer, et qui voit des forêts, des campagnes, des vallons se dérouler à ses yeux, même à travers les grilles de sa prison, ne me semble pas entièrement malheureux.

— Ou du moins, monsieur de Stolberg, son

malheur a-t-il une consolation, un adoucissement, que les soins de l'amitié ne lui donneraient pas. Ce que j'apprécie dans un cigare, c'est qu'il n'a ni langage ni paroles de résignation à vous offrir. Vous souffrez, vous êtes malheureux, vous recourez à lui. Il vous distrait, il vous plonge en de douces rêveries, en des souvenirs suivis avec bonheur; mais il ne vient pas, comme tant d'amis, empoisonner vos souffrances, en vous parlant de sympathies excitées en eux, de résignation, de courage : est-il rien de plus insupportable que ces gens qui vous font une nécessité du stoïcisme, et vous assassinent d'une misérable compassion!

Je n'ai jamais compris la résignation calme. Pourquoi un homme ne pleurerait-il pas, s'il souffre? Pourquoi se refuserait-il aux tristes voluptés de sa douleur? Dieu a-t-il dépourvu son œil de larmes? a-t-il privé son âme de sensibilité? Non, morbleu! Je l'avouerai, j'ai pleuré devant mon cigare en le fumant, et ce consolateur ne m'a pas dit : Sèche tes larmes, sois homme; il n'a pas été stupide, enfin, comme eût pu l'être un ami. J'aime un bon cigare. Vous avez bien raison de vouloir fumer, fumons.

Les cigares furent allumés, et la promenade devint silencieuse; on n'entendit plus que le craquement des feuilles sèches sous les pieds, et la respiration quelquefois précipitée des deux promeneurs. Jamais ils ne dépassèrent les limites d'ombre de la longue avenue de marronniers ; ils semblaient comme enchaînés dans les mêmes pas, comme enfermés dans le même sentier.

Cependant le château s'ensevelissait peu à peu dans son repos et son silence de nuit ; les lueurs s'éteignaient d'étage en étage ; les dernières portes se fermaient ; tout entier il dormait. Nul bruit, nulle attestation de vie ; Gérard et Arthur paraissaient deux êtres perdus dans une contrée dépeuplée.

Dans leurs cœurs s'élevait, sous l'impression harmonique de la solennité de ce silence et de cette solitude, un vif désir d'en finir tous deux avec les poignantes incertitudes, un vif désir de déclarer leur rivalité, et de terminer les misérables combats de salon, par une explication après laquelle un des deux devrait se retirer.

Mais ils craignaient mutuellement de commencer cette explication difficile. La résolution bien ferme de dire le premier mot fut dix fois prise et dix fois ajournée. Remontons encore cette avenue, pensaient-ils, et alors nous parlerons.

Et l'avenue parcourue, ils s'arrêtaient, hésitant, puis reprenaient leur marche silencieuse.

Enfin, comme une horloge sonnait deux heures, la lune se baissait un peu à l'horizon; M. de Chenevières s'arrêta, ôta un moment son cigare de sa bouche, et dit :

— Nous ressemblons beaucoup à deux hommes qui auraient d'importantes confidences à se faire, mais qui ne sauraient pas par quel mot commencer.

Gérard répondit : — Je pense que vous avez raison, monsieur de Chenevières.

Et chacun d'eux reprit d'un pas plus lent sa promenade; ils aspiraient d'énormes colonnes de fumée, qu'ils chassaient ensuite avec force; leur haleine était bruyante. Le premier mot une fois prononcé, l'explication devait naturellement avoir lieu.

Dix minutes s'écoulèrent; dix minutes d'anxiété et d'agitation terrible!

— Monsieur de Stolberg, nous sommes gens d'honneur, reprit Arthur de Chenevières; eh bien, faisons-nous une promesse? Il est évident que nous avons des explications à nous demander, une position équivoque à éclaircir. Promettons-nous, quel que soit celui qui commencera cette explication, d'y apporter, soit d'un côté, soit de l'autre, la plus grande franchise, la plus entière vérité, sans restriction, sans arrière-pensée.

— Depuis longtems j'ai désiré ces explications, monsieur de Chenevières; depuis longtems je les souhaite au moins autant que vous pouvez les souhaiter. J'ai compté sur votre entière franchise, comme vous avez compté sur la mienne; voici ma main, monsieur, serrez-la comme celle d'un homme qui vous sait bon gré de votre loyauté, et qui veut y répondre de toute la sienne.

Les deux jeunes gens se pressèrent vivement la main; puis il y eut encore un silence de quelques secondes, sorte de recueillement, d'appel courageux qu'ils firent à toutes leurs forces morales.

— Monsieur de Stolberg, je suis venu au château de Lucheux pour une femme que j'aime.

— Et moi aussi, monsieur de Chenevières, fut-il répondu.

— Mais je suis aimé de la femme qui m'attire en ce château, monsieur de Stolberg.

— Je vous en dirai autant, monsieur de Chenevières.

— Mais cette femme; et M. de Chenevières tremblait; mais cette femme, que j'aime, et qui m'aime, est la maîtresse du château que voilà.

Gérard sentit une poignante angoisse lui traverser le cœur comme la lame d'une épée; cependant il répondit avec calme :

— La femme que j'aime et qui m'aime est la maîtresse du château que voilà.

Arthur et Gérard firent quelques pas, se regardant fixement aux rayons de la lune. Tous deux souffraient, tous deux avaient les lèvres déprimées par une horrible contraction.

— Il y a dans tout ceci, monsieur de Stolberg, deux hommes trompés et une abominable coquette.

— Oui, monsieur; oui, s'écria Gérard avec animation; oui, vous avez raison; tous deux, nous sommes trompés, et la femme qui nous trompe est une coquette..... Oh! une bien coupable coquette.... Mais, monsieur de Chenevières, quoiqu'elle soit déchue dans mon esprit, je l'aime encore de toutes les puissances de mon amour, et je ne puis renoncer à elle.

— Ni moi non plus, monsieur de Stolberg, je ne puis renoncer à elle. Vous a-t-elle avoué qu'elle vous aimât? vous l'a-t-elle dit avec des pleurs? vous l'a-t-elle dit la tête sur votre épaule, abandonnée entre vos bras?

— Il y a cinq ans, monsieur, qu'elle sait

mon amour, et elle m'a avoué le sien avec des pleurs, la tête appuyée sur mon épaule, abandonnée entre mes bras.

— Cela est horrible, cela est infâme. Dites, dites, Arthur, vos lèvres ont-elles touché les siennes ? avez-vous fermé ses yeux sous vos baisers ?

— Non, Gérard, non, je n'ai pas fait cela, répondit M. de Chenevières en s'appuyant contre un arbre ; non, mes lèvres ne l'ont pas touchée.

— Vous a-t-elle dit encore hier, comme elle me l'a dit à moi : Mon bien-aimé, je n'ai de place en mon cœur que pour ton affection ; et, disant cela, a-t-elle baisé vos cheveux ?

— Non, Gérard, elle ne m'a pas dit un mot d'amour depuis mon arrivée à Lucheux.

—Vous écrivait-elle de longues lettres, dans lesquelles elle vous tutoyait, dans lesquelles elle vous jetait, comme un parfum délicieux, tous les trésors de son cœur ?

— Oui, Gérard, oui, elle m'écrivait de longues lettres ; oui, elle me tutoyait.

— S'il en est ainsi, et il n'y a pas à en douter, Arthur, il faut que demain, entendez-vous ! demain elle prononce entre nous deux. Il faut que demain elle explique auquel de nous deux appartient son cœur.

— Vous avez raison. Oui, faisons-la s'expliquer. Si elle est franche, s'il lui reste encore quelques nobles sentiments dans l'âme, un de nous deux sera congédié demain.

— Cela me paraît certain, répondit Gérard. Eh bien! promettons que celui qui sera congédié partira sur-le-champ, sans murmures, sans colère; le voulez-vous, Arthur, sans blesser de paroles dures la pauvre femme que tous deux nous aimons? Vous le voulez, n'est-ce pas?

— Oui, Gérard, je le veux; qu'il soit fait ainsi que vous le proposez; demain, nous aurons chacun une conversation avec Julie, et nous ferons décider notre sort. Qui commencera, qui le premier lui demandera : M'aimez-vous? m'avez-vous jamais aimé?

— Vous, si vous le désirez, Arthur; je vous laisse le choix. Soyez le premier, ou arrivez le second; dites seulement le moment que vous choisissez.

— Vous êtes généreux; vous me montrez une confiance noble qui me touche. Quelle que puisse être l'issue de notre épreuve, restons amis. C'est moi qui vous le demande; me refuserez-vous?

— Non, sûrement; nous serons amis. Mais parlons de Julie, parlons de madame de Lucheux, Arthur; parlons de demain. Qu'avez-vous choisi ? Voulez-vous la première ou la seconde explication ?

— La première, puisque vous me laissez le choix.

— Bien, la première. Je vous prie, pas un mot de tout ceci à qui que ce soit. Demain à cinq heures je monterai à cheval, et ne serai de retour que vers midi ; arrangez-vous pour avoir fait expliquer madame de Lucheux dans cet intervalle; et quand je reviendrai, secondez-moi, afin que je puisse lui parler seul à mon tour ; occupez, pendant une heure, M. de Jumiéges et madame de Palissot.

— Je vous le promets, Gérard.

— Le monde, Arthur, le monde, ses funestes influences, ont pu mettre de la coquetterie dans le cœur de madame de Lucheux ; je l'ai connue, il y a cinq ans, pure et naïve ; c'était une enfant sur laquelle n'avait point encore soufflé le vent de la coquetterie. Son âme est noble; on peut encore la sauver; à qui de nous, mon Dieu! est réservée cette tâche ? Julie est maintenant sur la pente funeste où tant de femmes se sont trouvées à leur entrée dans le monde ; un pas de plus, elle est perdue ; et ce pas, tout l'engage à le faire. Voyez quels flatteurs et quels encouragements l'entourent. L'amant d'une jeune femme a plus d'importance pour la société que son mari ; c'est infâme !

— Savez-vous, Gérard, que je vous ai deviné, et que j'ai reconnu en vous un rival le premier jour de mon arrivée ici.

— Moi de même, je vous ai su mon rival au premier regard que vous adressâtes à madame de Lucheux. Ce me fut une idée insupportable, une torture douloureuse: rencontrer un autre amour dans le cœur de la femme que l'on aime, porter en soi la pensée d'une odieuse rivalité, ne pouvoir prononcer une parole d'amour, ne pouvoir en entendre une sans défiance, sans soupçons, penser que les lèvres d'une maîtresse adorée gardent l'empreinte, la chaleur d'autres lèvres ; vous connaissez ces craintes, Arthur; et jusqu'à demain matin nous devons tous deux en torturer notre cœur. Mais la lune se baisse de plus en plus, et le jour va bientôt commencer à poindre. Pendant toutes nos agitations, Julie dort paisiblement; peut-on dormir ainsi avec deux amours dans le cœur ? Comme ce château, ces bois, ces prairies reposent délicieusement ! et pourtant ce repos fait mal à contempler ; c'est du mouvement, de l'agitation, du bruit qu'il nous faut ; béni soit le jour ! Le voilà : tout va s'éveiller, tout va se mouvoir. Rentrons; il faut que je m'habille, et dans une heure je suis à cheval. Comme le jour monte, grandit de plus en plus ! Grandis donc, fais marcher les heures, presse-toi ; nous avons trop à vivre et à souffrir jusqu'a ton déclin.

Les coqs chantaient dans les basses-cours, leurs clameurs aiguës se répondaient jusqu'à des distances considérables; la terre buvait sa rosée de la nuit; tout était calme, frais et riant; tout avait reposé, hormis Dieu, qui veille toujours, et ceux d'entre les hommes qui se lamentent et se tordent dans leurs douleurs.

Tout avait reposé pour se réveiller plein d'espérance au soleil d'une journée nouvelle.

Gérard de Stolberg et Arthur de Chenevières rentrèrent au château fatigués, abattus, et le cœur serré d'une crainte qu'ils devaient bientôt voir confirmer ou dissiper.

Une course à cheval.

> La solution de ces doutes ne peut longtemps se faire attendre. SILVIO PELLICO.

XXIII.

Pendant la matinée qui suivit cette nuit de pénibles éclaircissements, les paysans des villages qui entourent le château de Lucheux virent avec étonnement un cavalier conduisant son cheval par les plus étroits et les plus rudes sentiers des bois et des prairies, et l'excitant du fouet et de l'éperon ; ce cavalier paraissait aller sans but, car vingt fois il repassa par les mêmes sillons, ne demandant à personne son chemin, ne lisant l'indication d'aucuns poteaux ; le cheval était blanc d'écume et le cavalier pâle, avec des yeux ardents, comme si la fièvre l'eût brûlé de ses frissons. Un moment il s'arrêta pour boire, et la vieille femme qui, sur sa demande, lui versa de l'eau dans un grand verre, fut obligée de le remplir trois fois.

Ce cavalier était Gérard de Stolberg, Gérard parcourant les bois, les prairies, les villages, peu soucieux du chemin, mais voulant de l'air, du mouvement, de l'air surtout à larges flots, car sa tête est brûlante et sa poitrine respire avec peine. Depuis cinq heures du matin il est à cheval, et voilà que le soleil commence à faire sentir sa plus forte chaleur; déjà dix heures ont sonné à toutes les horloges des villages; encore deux heures, pendant lesquelles son rival parlera à sa maîtresse, lui fera entendre des paroles d'amour, lui demandera ce qu'est devenu celui qu'elle lui avait promis; encore deux heures de cette torture !

Alors le cheval blanc d'écume repart, prompt et léger, et de nouveau il bondit et s'élance à travers les sentiers des forêts et les sillons des plaines.

Puis sur une colline élevée il s'arrête, son cavalier le maintient tout frémissant au repos; c'est que du haut de cette colline on aperçoit le château de Lucheux, son parc et sa grande avenue de marronniers.

Là-bas, pense Gérard, sous ce toit, sous ces abris de verdure, se décide mon sort; dans deux heures tout sera décidé. Puis il reste plongé dans une muette contemplation, ne pensant plus, ne se souvenant plus; il ne voit qu'un point à l'horizon, c'est le château de Lucheux; son oreille ne demeure attentive qu'à un seul bruit, celui qui lui annoncera les heures.

Enfin onze heures sonnent; le cavalier et le cheval s'animent de nouveau; les bois; les prairies disparaissent derière eux dans des nuages de poussière; tous deux ils passent à travers les villages poursuivis par les aboiements des chiens. Peu à peu les bâtiments du château de Lucheux apparaissent plus distincts; l'émotion, la crainte jalouse, se taisent dans le cœur de Gérard; déjà il touche la grille du parc, il renaît au calme, il s'arrête; l'allée de marronniers, témoin de sa promenade nocturne, est devant ses yeux; il voit M. Chenevières s'avancer à sa rencontre, rien ne peut le tirer de son immobilité.

Il ne veut point aller, il n'ira pas au-devant de sa destinée, il l'attend; c'est l'accusé ramené en présence de ses juges; son œil n'interroge rien, ne demande à aucun des assistants: Suis-je condamné ou absous? l'incertitude en ce moment est encore un bienfait pour lui, la prolonger est peut-être une dernière jouissance.

M. de Chenevières s'arrête près du cheval de

Gérard ; et Gérard n'ose point lever les yeux sur la figure de son rival, et Gérard se sent trembler, le son d'une voix lui ferait peur.

— Allez, lui dit enfin Arthur de Chenevières; allez, le bonheur vous attend, vous n'avez plus de rival à craindre.

Gérard peut à peine dans sa joie en croire le témoignage de ses oreilles, ses regards interrogent M. de Chenevières.

— Oui, allez, reprend celui-ci; allez près de madame de Lucheux ; vous êtes aimé comme je croyais l'être; vous vous êtes déjà montré généreux pour moi, puis-je vous demander une générosité plus grande ?

— Parlez, parlez, monsieur de Chenevières, que vous faut-il, que voulez-vous? Et dans l'exaltation de son bonheur, Gérard est avide de générosité, il plaint les souffrances de son rival, en songeant combien ces mêmes souffrances, appesanties sur sa tête, l'eussent rendu malheureux. Rien ne lui coûtera, maintenant qu'il est sûr de l'amour de Julie.

— Parlez, monsieur de Chenevières; doutez-vous d'une amitié que nous nous sommes promise, cette nuit, à cette même place, alors que tous deux nous souffrions également ?

— Non, je n'en doute pas, Gérard; mais, dans votre bonheur, me comprendrez-vous, voudrez-vous me comprendre.... Vous êtes aimé, Gérard..... et je vous le dis, le cœur déchiré, mais sans amertume ; vous êtes aimé, et moi qui, il y a peu de jours, suis arrivé plein d'espoir et d'amour, il me faut repartir, navré et sans espoir; il me faut repartir, vous laissant ici, enivré de toutes les joies perdues pour moi.

Au milieu de ma tristesse, au milieu de mon deuil, peut-être aurez-vous peine à le comprendre, il se mêle une souffrance d'amour-propre qui vient irriter toutes les autres, et que vous seul pouvez soulager. Je suis destiné à vivre dans cette province, à voir la société que voit madame de Lucheux, à me trouver sur sa route encore souvent... Eh bien! je ne voudrais pas que tous ceux qui ont pu deviner mon amour et mes espérances les crussent renversées par vous. Ici même, dans ce château, les yeux de cette société frivole sont tournés sur nous deux : notre lutte est un spectacle ; on attend le vaincu, pour le plaindre d'une pitié qui me blesserait et me déchirerait trop profondément. Madame de Lucheux retourne à Paris dans un mois; là vous la retrouverez, et vous serez seul auprès d'elle, car je ne bougerai pas cet hiver du château de mon père. Consentez, après avoir vu Julie, après avoir causé avec elle, à quitter ce château avant moi ; dites que des affaires importantes vous rappellent à Paris. Partez demain, après-demain, et deux jours après votre départ je quitte madame de Lucheux, son château, sa société. Consentez-vous, au comble de votre bonheur, triomphateur dans notre lutte, à abdiquer pour quelques jours les insignes de votre triomphe ? Je sais que je demande beaucoup ; j'ai confiance en votre générosité.

Gérard hésita quelques instants, sa contenance indiquait le combat qui se livrait en lui. Enfin sa générosité l'emporta, il tendit la main à M. de Chenevières.

— Soyez satisfait, lui dit-il ; je vais à l'instant même annoncer mon départ pour demain matin. Je ne vous le cacherai pas, cet effort m'est pénible ; mais s'il m'acquiert votre amitié, je ne le regretterai jamais.

— Toute mon amitié, Gérard, toute l'amitié de mon cœur. Et les deux jeunes gens se pressèrent vivement la main.

— Vers le petit bois qui est derrière le château, vous trouverez madame de Lucheux, dit M. de Chenevières, je vais entraîner loin d'ici madame de Palissot et M. de Jumiéges, que j'aperçois se dirigeant de ce côté.

Alors Gérard descendit de cheval, le remit à

un domestique qui se trouvait non loin de là ; et, revenant près de M. de Chenevières, qu'avaient rejoint madame Palissot et le comte de Jumiéges, il leur demanda, après avoir adressé un coup d'œil amical et généreux à Arthur, s'ils n'avaient point de commissions à lui donner pour Paris, où des affaires importantes le réclamaient sur-le-champ.

— Quand partez-vous ? demanda séchement madame de Palissot.

— Demain matin, madame, répondit Gérard. Le comte de Jumiéges regardait alternativement Arthur et Gérard, et semblait avoir peine à comprendre. Enfin, après quelques questions curieuses de sa part, et malveillantes de la part de madame de Palissot, il fut loisible à Gérard de chercher madame de Lucheux, sa passion, sa joie, l'éternité de son bonheur, madame de Lucheux, dont l'amour ne l'a point trahi.

Dernier bonheur.

Pour Dieu, dame, namez autre que mi,
Car par ma foy je n'aim autre que vous.
Quand vous avez en moy 1 vray ami,
Pour Dieu, dame, namez autre que mi.
Et quant je suis tout vostres sans deni,
Dont se faire volez mon amer dons.
Pour Dieu, dame, namez autre que mi,
Car par ma foy je n'aim autre que vous.
   Guillaume Machault. (*Rondels*.)

XXIV.

— Julie, dit Gérard en s'approchant de madame de Lucheux, qu'il trouva se promenant dans une des allées les plus solitaires du parc ; Julie, je sais tout ce que vous avez fait pour moi; Arthur m'a appris que vous aviez définitivement prononcé entre nous; oh! merci; mon amour bien-aimée, merci.

Et Gérard s'empara de la main de la jeune femme.

— Doutiez-vous donc encore, Gérard? me classiez-vous donc parmi ces coquettes auxquelles il est impossible de se fier ?

— J'avais peur malgré moi; et quand Arthur

m'a dit qu'il vous aimait, qu'il croyait être aimé de vous, j'ai bien souffert.

— Ne vous avais-je pas tout avoué? ma franchise vous était un garant de ma bonne foi; c'est mal, Gérard, vous me faites souffrir à votre tour.

— Pardonnez, Julie, après tant d'années de craintes, de doutes et de malheurs, il est si difficile de croire à un meilleur avenir. Ce n'était pas que je doutasse de vous, je doutais de ma bonne fortune, je doutais du bonheur qui s'offrait à moi. Vous m'avez avoué, il est vrai, une partie de ce qu'Arthur m'a appris cette nuit; mais vous ne m'aviez pas tout dit, ma bien-aimée. Il a des lettres de vous, dans lesquelles vous lui parlez comme vous me parlez à moi; ces lettres, il faut les ravoir, car nul ne doit garder en sa possession, si ce n'est moi, une lettre de ton amour, Julie.

Madame de Lucheux baissa les yeux, confuse et rougissante.

Gérard continua : — M. de Chenevières s'est bien conduit, c'est un noble et loyal jeune homme; il vous aimait, Julie, presque autant que je vous aime; j'ai brisé son cœur, comme je sens qu'il eût brisé le mien si votre amour eût prononcé en sa faveur. Nous devons tous deux ménager sa souffrance, et je viens de promettre, vous ne me blâmerez pas, mon bien cher amour, que je partirai d'ici avant lui, que je le laisserai deux jours après moi, afin que ceux qui nous ont épiés, que ceux qui ont surpris une partie de notre secret, ne puissent croire à sa disgrâce. Il perd votre amour, il est honorable de condescendre aux craintes de son amour-propre, c'est un malade qu'il faut ménager. Je partirai donc d'ici demain matin ; j'ai déjà annoncé mon départ à madame de Palissot et à M. de Jumiéges ; je vais vous attendre à Paris ; venez-y, Julie, le plus promptement possible ; mon cœur souffre de cette nouvelle séparation. Un mois, tout un mois sans vous voir, et je vous laisse au milieu de mes ennemis. Mais regardez-moi, Julie ; levez vers moi vos yeux, dites : Gérard, vous avez bien agi, je vous approuve ; dites cela, et je pars sans crainte.

Madame de Lucheux leva vers lui des yeux baignés de larmes. Vous êtes une noble créature, Gérard ; oui, je vous aime ; mon noble Gérard, je t'aime, pars sans crainte.

— Tu m'écriras chaque jour, reprit l'heureux jeune homme en attirant sa maîtresse dans ses bras ; réponds-moi, n'est-ce pas ?

— Oui, Gérard, je t'écrirai, murmura-t-elle.

— Dis-moi, ma bien-aimée Julie, dis-moi

que tu m'aimes, que tu m'aimeras encore mieux, que bientôt tu ne voudras être qu'à moi seul, rien qu'à moi, à moi tout entière.

— Non, Gérard, je ne peux te dire ce que tu me demandes. Je t'ai donné tout ce que je pouvais donner sans m'avilir moi-même ; le reste ne vaut pas, mon ange, ces désirs insensés qui t'agitent, et qui me font une véritable peine. Sois donc généreux tout à fait ; tout mon amour t'appartient. N'est-ce pas lui que tu as tant désiré ?

— Oui, c'est ton amour, tout ton amour que j'ai voulu. Prêt à te quitter de nouveau, ne nous séparons pas encore ; viens loin de tous, avec moi, dans quelque côté solitaire de ton parc. J'ai besoin de paroles douces, de ces mots d'amour que déjà tu as laissés tomber pour moi de tes lèvres ; viens. Pendant un quart d'heure, laisse-moi jouir de cette indicible volupté que me donnent ta présence, ta voix, ton regard.

Julie prit le bras de son amant, et tous deux s'enfoncèrent à travers les bois, fuyant les sentiers et les allées sablées, où des pas de promeneurs avaient laissé la marque de leur passage. Ils arrivèrent enfin, à travers un taillis de jeunes chênes, à une petite clairière, entièrement cachée à tous les regards, et tapissée d'un gazon fin, parsemé de fleurs. Là ils s'assirent, et

Gérard demeura d'abord sans parole, la tête appuyée sur l'épaule de madame de Lucheux.

Il y avait dans son cœur un trouble, un enivrement, une voluptueuse rêverie, auxquels il se laissait entraîner. Le chagrin que lui causait son départ ajoutait une teinte mélancolique à ces bonheurs dont il était comme saisi. Alors il se recueillait, pour aspirer toute sa part de félicités à venir.

— Mon amour, disait-il à Julie, je vous aime de toutes les puissances de mon âme.

Je vous aime d'un amour si beau, que mes paroles ne sauraient l'exprimer.

Penchez-vous sur moi, ma bien-aimée, et dites que vous m'aimez ainsi.

Il me semble qu'autour de nous veillent les anges des amours fidèles, pour recueillir nos paroles, et les inscrire dans le livre de la vie éternelle.

Penchez-vous sur moi, ma bien-aimée ; que mes lèvres donnent à vos lèvres le baiser de l'alliance indissoluble !

Sentez-vous comme moi le frisson des pleurs agiter vos paupières ?

Sentez-vous la vie se réveiller en votre sein, plus puissante et plus forte ?

Serrez-moi dans vos bras, Julie, d'une étreinte qui me dise tout mon bonheur et le vôtre.

Oh! penchez-vous sur moi, que je sente votre souffle me créer une seconde fois.

Penche-toi sur moi; ma bien-aimée, fais entendre ta voix, ta voix aussi troublée que la mienne.

Et madame de Lucheux se pencha sur Gérard, et ses lèvres s'unirent aux siennes, et ils demeurèrent longtemps anéantis sous l'impression de ces caresses, qui ne sont pas le bonheur, mais qui le font rêver.

Il est de ces heures dans la vie où vient tout à coup vibrer dans le cœur une poésie inconnue, qui s'échappe en accords harmonieux; où les paroles, comme rhythmées pour l'accord d'une musique intérieure, tombent amoureusement cadencées; Gérard traversait une de ces heures. Jamais sa joie, jamais sa félicité n'avait trouvé pour s'exprimer une éloquence plus naïve et plus délicieuse, et Julie l'écoutait, fascinée sous le charme de tant d'amour et de tant d'exaltation. Elle tenait ses mains dans les siennes, et quelquefois elle essuyait de son mouchoir les larmes qui baignaient les joues de Gérard; puis elle l'embrassait au front, et passait ses doigts effilés dans la longue chevelure du jeune homme.

— J'aime l'expression de ton amour, Gérard, lui disait-elle; il m'apporte comme des parfums à respirer. Oh ! tu sais bien aimer, et je me sens heureuse et fière, mon Gérard, d'être aimée ainsi. Mais il faut nous séparer, car il y a bien longtemps que nous sommes absents du château; on nous cherche peut-être ; on s'étonne de notre absence; adieu, mon bien-aimé, adieu ! Dans un mois, à Paris, nous nous retrouverons pour ne plus nous quitter de longtemps, j'espère. Tiens, mon Gérard, voici un baiser ; c'est moi qui te le donne. Je veux que celui que tes lèvres emporteront comme un souvenir n'ait pas été demandé. Vois-tu, Gérard, c'est moi, moi, ta Julie, qui viens me mettre entre tes bras, et te donner cet adieu et cette espérance.

Quelques instants ils se tinrent fortement embrassés ; puis la jeune femme s'échappa, légère comme une biche relancée par une meute ardente à sa poursuite ; les branches et les grandes herbes, froissées par sa course précipitée, indiquèrent pendant quelques minutes par leur bruissement le chemin qu'elle suivit ; puis tout se tut ; et Gérard sortit à son tour du taillis pour regagner le château, où l'appelaient les préparatifs de son départ. Mais, avant d'y rentrer, il voulut parcourir encore une fois les promenades du parc de Lucheux : elles étaient pour lui pleines de souvenirs qu'il désirait recueillir, qu'il voulait graver en sa mémoire. Il consacra près de deux heures à ce pèlerinage, et ne revint qu'après avoir visité de nouveau les allées, les gazons, les parterres, où le pied de Julie s'était posé à côté du sien dans chacune de leurs promenades.

Au moment où il s'apprêtait à franchir le seuil du vestibule, Arthur de Chenevières vint au-devant de lui, et, sans lui dire un mot, l'entraîna dans le bois. Quand ils y furent arrivés, Gérard, reprenant haleine, s'informa, d'un air moitié plaisant, moitié sérieux, de la cause de cette marche extraordinaire.

— Qu'est-il arrivé, monsieur de Chenevières? qu'avez-vous à m'apprendre de si important ou de si pressé, que vous vous soyez trouvé dans la nécessité de m'entraîner, comme s'il se fût agi d'une affaire de vie ou de mort?

— Vous venez de quitter madame de Lucheux, répondit Arthur ; que vous a-t-elle ordonné? que vous a-t-elle dit?

— Ce qu'elle m'a ordonné ? ce qu'elle m'a dit? Mais rien, monsieur de Chenevières, que vous ne sachiez déjà, rien dont vous ne puissiez vous douter, après votre conversation de ce matin.

— Ainsi, elle vous a de nouveau avoué son amour ; ainsi, elle a juré qu'il n'était qu'à vous seul.

— A moi seul, répéta Gérard avec un air d'inquiétude.

— Eh bien, monsieur de Stolberg, madame de Lucheux vous trompe ; madame de Lucheux a menti, elle n'a nul amour dans le cœur ; en un mot, elle nous trompe tous deux.

— Que voulez-vous dire? s'écria Gérard, comme réveillé en sursaut par quelque horrible vision ; que voulez-vous dire ? Parlez, mais parlez donc! je ne vous comprends pas.

— Soyez calme d'abord, mon cher Gérard; madame de Lucheux nous trompe tous deux, ce n'est qu'une coquette, et rien de plus.

— Comment voulez-vous que je sois calme, monsieur de Chenevières, alors que vous me réveillez des plus doux rêves que puisse enfanter le cerveau d'un homme pour détruire mes pensées d'amour et flétrir la femme qui en est l'objet?

— Madame de Lucheux vous a quitté il y a deux heures, n'est-il pas vrai ?

— Oui, cela est vrai.

— Vous vous rappelez m'avoir laissé avec madame de Palissot et M. de Jumiéges ?

— Oui, je me le rappelle.

— Nous revenions, il y a deux heures maintenant, madame de Palissot, M. de Jumiéges et moi, vers le château ; au moment d'y rentrer nous vîmes venir à nous madame de Lucheux.

— Elle me quittait, articula faiblement Gérard.

— Elle nous parut émue ou agitée, je ne saurais dire précisément lequel des deux; madame de Palissot la rejoignit, et nous restâmes, M. de Jumiéges et moi, devant la porte du château, les voyant s'éloigner, causant très-vivement. Monsieur de Chenevières, me dit à ce sujet M. de Jumiéges, avez-vous jamais lu Goëthe? tenez, voici son Méphistophélès.—Qui? lui répondis-je; madame de Palissot? — Oui, madame de Palissot; et il me la désignait du doigt.—Attendons un instant, et que le diable, son maître, m'emporte si elle ne vous annonce point du nouveau, si elle ne change d'ici à une heure le roman le mieux noué. En effet, une heure s'était à peine écoulée, et déjà madame de Lucheux et madame de Palissot étaient de retour. Je dois dire que madame de Lucheux me parut encore plus troublée ou plus émue que je ne l'avais vue une heure avant; mais sur la figure de madame de Palissot éclatait une joie triomphante et amère, une joie vraiment diabolique qui me fit peur. Arthur de Chenevières s'interrompit, et parut hésiter.

— Continuez donc, lui dit avec un calme forcé Gérard, respirant à peine.

— Je continuerai, mon cher Gérard; mais c'est à cet instant de ma narration que je réclamerai tout votre courage.

— J'en aurai, monsieur, j'en aurai. Continuez.

— Madame de Palissot me fit signe qu'elle désirait me parler. Je me rendis à sa chambre, et voici textuellement ce qu'elle m'a dit:

— Ma pauvre amie est bien malheureuse, bien tourmentée, monsieur de Chenevières; vous savez dans quelle liaison elle s'est trouvée engagée... elle était encore bien jeune... sans expérience... cette liaison s'est renouvelée presque malgré elle; maintenant elle a peur de M. de Stolberg. Ses manières étranges, son irritabilité l'effrayent; c'est presque un sauvage que cet homme, et je le crois capable, non-seulement de compromettre *notre* amie, monsieur de Chenevières, mais encore de la perdre. Puis sait-on quel est cet étranger? il est fort mal vu dans le monde. Madame de Lucheux m'a confié tout ce qui s'est passé hier et aujourd'hui. Elle craint de vous avoir blessé; elle craint de s'être aliéné votre cœur. Croyez-moi, monsieur de Chenevières, laissez partir ce malencontreux Gérard; une fois hors de ce château, tout sera rompu entre Julie et lui; laissez-le partir, et restez; madame de Lucheux vous le demande.

— Qu'avez-vous répondu, monsieur de Chenevières ?

— J'ai répondu que je ne pouvais croire à cette nouvelle combinaison, que je savais vos rapports avec madame de Lucheux, qu'elle vous avait librement avoué son amour, que librement encore elle avait prononcé entre vous et moi, et que nous avions rompu sans retour. Mais c'est alors que madame de Palissot a déployé une diplomatie vraiment extraordinaire ; c'est alors qu'elle s'est révélée Méphistophélès effrayant. Ses arguments pressés, habilement ménagés, doctement groupés, ont cherché à m'envelopper de leur merveilleuse faconde. Suivant elle, vous abandonner Julie, serait la dévouer à une perte certaine, serait aider à faire son malheur. Pardonnez-moi de répéter ses propres paroles ; mais elle a affecté de vous croire une espèce d'aventurier, dont madame de Lucheux elle-même déplorait la magnétique influence. Heureusement, a-t-elle ajouté, je veille sur ma pauvre amie ; j'ai ouvert ses yeux ; si je puis vous réconcilier avec elle, monsieur de Chenevières, elle est sauvée.

— Est-ce là tout ce que vous aviez à m'apprendre, monsieur de Chenevières ? demanda Gérard, conservant toujours un calme profond.

— Non, Gérard, car il me reste à vous dire

que, quelle que soit votre résolution, la mienne est prise aussi; deux jours après vous je pars; je ne veux pas entrer dans tous ces calculs de coquetterie et de ruse.

— Très-bien, dit Gérard ; ce que vous m'avez révélé est infâme; je veux, je dois voir madame de Lucheux encore une fois ; ce qu'elle brise en moi, ce qu'elle détruit de mon avenir, ne peut être exprimé. Le monde, la société, l'emportent; cette femme est perdue, madame de Palissot l'a perdue. Votre récit m'a causé une profonde douleur ; mais regardez-moi, je suis calme, car nous touchons au dénoûment.

— Vous êtes calme extérieurement, Gérard, et ce calme m'effraye ; je vois, à l'expression de votre figure, que vous souffrez beaucoup ; j'aimerais mieux vous voir éclater en fureurs et en imprécations.

— Plus tard, peut-être plus tard ; mais en ce moment je dois réserver mon sang-froid ; je vais faire comparaître madame de Lucheux devant moi, je vais être juge. Adieu, je vous remercie de votre loyauté ; ne souffrez jamais ce que j'endure; savez-vous que cet amour, si indignement trompé, m'a déjà coûté cinq années de douleurs, d'attente, d'exil ? Adieu, je vous quitte, car la colère, je le sens, déborderait en moi.

Et Gérard, précipitant ses pas, la pâleur sur les joues, le front couvert d'une sueur froide, se rendit à l'appartement de madame de Lucheux, en murmurant entre ses lèvres :

— A nous deux maintenant, Julie !

Dernier combat.

Quid sum miser tunc dicturus?
PSAUMES.

XXV.

Madame de Lucheux se tenait immobile devant son écritoire, une plume se voyait en ses mains, sa tête reposait penchée sur sa poitrine: elle ne réfléchissait ni ne pensait, toutes ses facultés paraissaient absorbées dans une sorte d'engourdissement; elle n'entendit pas même le bruit que fit Gérard en ouvrant sa porte; ce ne fut que lorsqu'il arriva devant elle, et qu'il s'y tint debout, les bras croisés sur la poitrine, qu'elle leva vers lui un visage étonné et craintif. Ses yeux cherchèrent ceux de Gérard, elle les trouva secs et fixes, animés d'une telle expression de désespoir, qu'une crainte poignante vint s'emparer de son âme, comme si elle eût vu briller la lame aiguë de quelque poignard.

Gérard, avant de dire un seul mot, alla fermer le verrou de la porte. Madame de Lucheux eut alors véritablement peur; elle se leva de son siége, et, l'établissant comme un rempart, elle s'appuya sur son dossier élevé, haletante d'une angoisse qui faisait battre sa poitrine, et l'agitait d'un tremblement effrayant.

— Calmez-vous, madame, dit enfin Gérard avec une sorte d'ironie amère; calmez-vous, vous n'avez rien à craindre. J'ai voulu vous parler sans témoins, une dernière fois, sans être interrompu, et c'est la seule raison qui m'a fait fermer votre porte au verrou; calmez-vous donc, et asseyez-vous.

Et comme il voulut prendre son bras pour la ramener vers son fauteuil. — Non, dit-elle, non; je veux rester debout, parlez, qu'avez-vous à me dire, et pourquoi cette étrange façon de vous introduire dans mon appartement, et de m'y enfermer avec vous?

— Pourquoi? vous allez le savoir, madame; pourquoi? c'est vous qui le demandez!... Ne vous souvenez-vous plus de notre promenade et de notre conversation... et cependant quelques heures se sont à peine écoulées.

— Je me les rappelle, Gérard.

— Si vous vous les rappelez, pouvez-vous également vous rappeler la conversation que vous avez eue quelques instants après avec madame de Palissot?

Madame de Lucheux ne répondit rien, sa tête se courba, et la rougeur qui couvrit son front prouva qu'elle se rappelait aussi la conversation à laquelle il faisait allusion.

— Maintenant vous savez, madame, pourquoi je suis ici, et pourquoi je me suis enfermé avec vous. Est-il possible, Julie, que vous vous soyez montrée fausse à un tel point, que vos lèvres aient prodigué des serments si horriblement menteurs!...

Oh! ne m'interrompez pas, vous parlerez ensuite, et si vous pouvez vous justifier, justifiez-vous, je donnerais ma vie pour que cela fût possible...

Vous, que j'honorais, que je vénérais entre toutes les femmes; vous, que j'aurais déclarée innocente d'un crime quand bien même la société entière eût été votre accusatrice, si vous m'aviez dit seulement : Non, Gérard, je ne suis pas coupable; vous, Julie, descendre à me tromper! mais vous n'avez donc rien entendu au fond de votre cœur qui vous criât : Ce que tu fais est infâme! Je vous ai déjà donné cinq ans de ma vie, je vous l'aurais donnée toute entière, vous n'aviez qu'à la demander.

— Monsieur de Stolberg, vous oubliez à qui vous parlez, dit madame de Lucheux, cherchant à reprendre une assurance qu'elle sentait lui échapper.

— Non, Julie, je n'oublie pas à qui mes paroles s'adressent; celle qui les écoute, cette femme qui doit les entendre, c'est vous, Julie; vous, qui avez abusé de votre pouvoir et de mon amour; vous, dont la coquetterie s'est fait un jeu de mes souffrances; vous, qui me donnez pour adieu, un baiser de vos lèvres, baiser de Judas, et qui faites dire à mon rival, par madame de Palissot, de différer son départ, de vous rendre son amour. Vous voyez, Julie, que je n'oublie pas à qui je m'adresse; mes paroles peuvent vous sembler rudes à entendre, cependant elles ne le sont pas encore assez.

Gérard s'approcha de madame de Lucheux, et, prenant son faible poignet dans sa main nerveuse, il le serra presque convulsivement de manière à lui arracher une plainte, un cri, une larme de colère et de douleur.

— Vous êtes coquette, Julie; le monde vous a gâtée; le monde a corrompu cette âme si douce que je vous ai connue; le monde vous perdra, prenez-y garde; de perfides conseils de funestes exemples vous ont conduite où vous êtes arrivée. Un pas de plus, et vous conquérez le mépris.

—Le mépris, monsieur! personne ne me méprisera jamais! Et un éclair de noble fierté illumina un instant le regard de madame de Lucheux.

Gérard reprit d'une voix plus sourde : — Vous avez trompé tour à tour l'amour de deux hommes; vous vous êtes fait un amusement d'une passion vraie, profonde, d'une passion au-dessus de toutes les épreuves et de toutes les misères; dites, maintenant, que personne n'aura jamais le droit de vous mépriser...

Vous ne répondez plus, vous sentez donc que vous courez à votre perte; le monde, il est vrai, pardonnera, excusera, applaudira même à votre coquetterie; mais n'est-ce que le monde que vous redoutiez? n'est-il rien au delà? n'existe-t-il rien de plus redoutable? Dieu peut pardonner à l'amour vrai; à la coquetterie, jamais. Je vous aimais, madame, avec l'espoir de me faire... de nous faire pardonner les fautes de cet amour à force de passion inaltérable, à force de grandeur même dans notre faute. Oh! vous avez joué un misérable jeu, vous avez traîné dans la poussière la couronne de votre jeunesse. Oh! Julie! Julie! combien vous êtes déchue!

— Assez de mépris comme cela, monsieur de Stolberg; je n'en veux pas supporter davantage; est-il bien noble à vous d'insulter une pauvre femme que vous avez en votre pouvoir? voulez-vous me faire peur? Eh bien, oui, vous me faites peur; mais vous rompez tous les liens qui existaient entre nous; mais vous mettez une barrière infranchissable que rien désormais ne pourra détruire.

Deux larmes de honte et de colère hésitèrent un instant sur les paupières de madame de Lucheux, roulèrent ensuite sur ses joues brûlantes; mais tout fut dit, le cœur de la jeune femme se ferma, il ne resta plus que la coquette.

— Non, Julie, non, je n'élève pas une barrière entre nous, car mon amour n'a pas faibli un instant; toute coupable que vous m'apparussiez, je vous aimais encore, je ne pouvais vous ôter de mon cœur, où vous étiez maîtresse depuis si longtemps; non, vous ne me direz pas: Gérard, je ne vous aime plus, partez; mon amour ne vous suivra pas. Un mot, un seul mot, répudiez les discours qu'une dangereuse amitié vous a prêtés; rejetez loin de vous la coquetterie dont on a voulu vous donner l'apparence; un seul mot, Julie, et je vous crois; mais parlez; si je me suis montré injuste, si je vous ai insultée, me voilà devant vous, vous demandant pardon : j'ai bien souffert ; dites un seul mot, et je serai guéri.

Et Gérard fut vaincu, et des larmes abondantes s'échappèrent de ses yeux. Toute son énergie était éteinte ; la peur de perdre le cœur de Julie le laissait sans forces.

Madame de Lucheux comprit qu'elle pouvait prendre sa revanche ; et, sans calculer ce qu'elle perdrait dans une telle lutte, elle l'engagea fière, ardente, implacable ; nulle trace d'émotion n'existait sur sa figure. Elle se sentait humiliée par des reproches qui avaient porté juste, et elle ne voulait point pardonner à Gérard cette humiliation.

—Je ne me justifierai pas, monsieur de Stolberg ; je ne dirai pas un mot. Vous m'avez blessée amèrement, vous avez à jamais rompu toute liaison entre nous...

— C'est impossible ! s'écria Gérard.

— Je ne sais si vous croyez cette rupture possible, monsieur de Stolberg ; mais elle aura lieu. Quand vous êtes arrivé je m'occupais encore de vous, je vous écrivais ; et maintenant, pour vous prouver une rupture à laquelle vous ne voulez pas croire, je déchire cette lettre, vous ne la méritez plus.

— Julie, quelque jour vous regretterez votre

implacable dureté. Vous rejetez un amour vrai, vous me brisez à plaisir. Ne soyez jamais punie de l'insensibilité de votre cœur. Je vous aime encore de toute mon âme ; un mot, rien qu'un mot, et je vous crois innocente.

— Je vous l'ai déjà dit, je ne veux pas prononcer ce mot.

— Eh bien ! Julie, ne le prononcez pas ; dites seulement : Gérard, je vous aime ! Et je croirai de nouveau en vous.

— Mon cœur est fermé, monsieur de Stolberg ; vous pourriez avoir confiance en moi, mais ma confiance en vous est perdue !

Gérard se redressa et tout son corps tressaillit ; ses larmes s'arrêtèrent, une agitation violente le rendit muet quelques instants. Son regard exprima une angoisse profondément désespérée ; mais il en surmonta la violence, et, s'approchant de madame de Lucheux, il lui dit, en lui remettant un petit portefeuille :

— Votre confiance en moi est-elle perdue, madame : reprenez les lettres que vous m'avez écrites ; je ne veux pas qu'un sentiment de crainte soit le dernier lien qui subsiste entre nous ; reprenez ce portefeuille ; si jamais vous me rendez votre amour, vous me le remettrez. Je paye chèrement aujourd'hui un bonheur bien court, hélas ! Je vais vous quitter, madame, je vais vous quitter, Julie; je vais à Paris, où j'attendrai votre retour; une seule fois encore vous entendrez parler de moi; je viendrai vous redemander votre amour, ma vie, mon espérance d'avenir. Alors si vous me rejetez sans pitié, comme aujourd'hui, tout sera dit entre nous. Je suis un véritable insensé, mais fussiez vous plus coupable que madame de Palissot ne vous a faite coupable, tout mon amour est à vous. Écoutez-moi, Julie, ne répondez pas, ne vous justifiez pas; mais rendez-moi ce portefeuille, remettez-le en mes mains, et je ne veux pas d'autres preuves de votre innocence.

Madame de Lucheux s'empara du portefeuille qu'elle enferma dans son écritoire.

Gérard sentit son cœur se serrer, et fut prêt à défaillir; sa main chercha l'appui d'un meuble, et le reproche de ses yeux accusa seul sa douleur. Adieu, madame; adieu, dit-il, demain vous ne me verrez plus; je laisse ici M. de Chenevières, et je...

Madame de Lucheux l'interrompit.

— M. de Chenevières partira aussi; tous deux vous m'avez blessée; tous deux vous avez cherché à m'humilier. Est-ce là ce que je devais attendre de vous? Ne dites plus un mot; n'ajoutez pas une parole, tout ce que nous avions à nous dire a été dit. Ouvrez, je vous prie, le verrou de ma porte. En me souvenant désormais de vous, monsieur de Stolberg, je me rappellerai le temps de notre affection, comme un temps de trouble et de douleur.

— Vos paroles sont dures, Julie, et je ne les mérite pas ; je vais vous quitter ; n'aurez-vous point un adieu plus doux, pour qui vous aime d'un si profond amour ; parlez, ma bien-aimée ; votre porte est ouverte, avant que j'en passe le seuil, vous pouvez tout réparer ; je vous supplie, je vous conjure, ne m'entendrez-vous pas?

Madame de Lucheux ne répondit rien.

Alors Gérard prit une dernière fois les mains de la jeune femme.

— Vous me reverrez, madame, vous me reverrez ; une espérance me reste, une seule qui m'empêche aujourd'hui de vous maudire.

Puis il se hâta de sortir, car il comprit l'impossibilité de contenir plus longtemps la violence des passions qui bouillonnaient en lui.

Madame de Lucheux sentit quelque trouble et quelques remords de sa conduite envers Gérard ; elle avait été cruelle, tandis que ses plaintes n'étaient que justes. Le regret d'avoir rompu un amour si vrai, si sincère, s'éleva dans son cœur ; peut-être un instant de solitude l'eût ramenée vers Gérard ; mais madame de Palissot vint la trouver, s'empara de son esprit, et la loua, en l'encourageant à persévérer, de la conduite qu'elle avait tenue.

— M. de Stolberg ne compte aucunement parmi nous, nous le connaissons à peine, il faut se méfier de ces étrangers, bons pour de simples connaissances, mais qui deviennent dangereux dans des liaisons plus intimes; car presque tous ont la réputation d'intrigants. Vous vous seriez laissé compromettre, ma chère amie; rendez grâces à Dieu d'être délivrée, sans plus de malheurs, du petit Westphalien; allons, habillez-vous, le dîner va bientôt être annoncé; ne laissez voir sur votre charmant visage, ma toute belle, ni regrets, ni chagrins.

Madame de Lucheux s'habilla, et descendit riante et coquette ; madame de Palissot s'épanouissait en contentement railleur, elle triomphait.

Douleur.

Qu'à jamais loin de moi le destin soit ton guide
Et le malheur ton roi.
DE LAMARTINE.

XXVI.

Pendant le cours de la soirée qui suivit cette journée féconde en événements, Gérard se montra calme et souriant ; aucune trace de ses émotions passées ne parut sur sa figure ; son départ devint le sujet de toutes les conversations, et chacun chercha à s'en expliquer le motif. Vingt fois madame de Palissot, par quelque insinuation malveillante, essaya de détruire le calme et la contenance tranquille de Gérard. Elle ne put y réussir, et cependant il souffrait une terrible douleur, il sentait s'enfuir peu à peu les dernières heures accordées à ses frêles espérances ; il sentait ses espérances décroître, il apercevait la profondeur de l'abîme dans lequel il allait tomber. Une fièvre intérieure brûlait son sang, la lenteur seule de sa parole eût pu le trahir à l'observation d'un inquisiteur attentif.

M. de Jumiéges s'approcha de lui et lui dit :

— Je ne vous comprends plus du tout, mon cher Gérard, vous abandonnez la partie, elle ne peut être si vite perdue ; battez les cartes, si elles ne vous sont pas bonnes en ce moment, mais ne les jetez pas en désespéré.

— Je n'ai jamais été heureux à ce jeu, cher comte, répondit Gérard.

— Alors aidez à la fortune, cela est permis quelquefois.

Gérard le regarda fixement.

Le comte de Jumiéges continua : — Écartez la reine, et vous avez gagné. Voyez comme la reine se pavane ; lui laisserez-vous son insolent triomphe, ne disputerez-vous pas à madame de Palissot sa royauté tyrannique ?

— Non, monsieur, non ; je laisse à d'autres plus habiles ou plus heureux mes cartes et ma partie ; je me retire.

— Vous avez tort, cent fois tort, soyez-en sûr ; un autre saura profiter de la position que vous abandonnez. Madame de Lucheux, malgré toute sa vivacité et sa gaieté d'emprunt, est préoccupée; elle vous a souvent cherché du regard ce soir; allons, revenez au combat, vous avez deux heures à vous; deux heures peuvent, si elles sont bien employées, vous donner gain de cause.

Gérard ne profita pas de cet avis charitable. Il avait fait, il avait dit tout ce qu'il croyait pouvoir faire ou dire; maintenant il attendait un mot, un seul mot, la plus légère avance, un signe, et sur ce simple signe il aurait abjuré ses soupçons; il se serait remis, plus esclave que jamais, sous la chaîne de son amour.

Ce signe ne vint pas, ce mot ne fut point prononcé, et la soirée s'acheva. Au moment de se séparer de madame de Lucheux, Gérard s'approcha d'elle. Chacun avait déjà regagné son appartement; il ne restait que le marquis et la marquise de Lucheux, qui, leurs bougeoirs à la main, se préparaient également à quitter le salon.

— Avez-vous, madame, quelques ordres à me donner pour Paris? Je serais trop heureux si je pouvais vous y être de quelque utilité.

En prononçant cette phrase, la voix de Gérard trembla légèrement, et sa figure parut tout à fait décolorée.

— Je vous remercie, monsieur de Stolberg,

répondit madame de Lucheux, je n'ai rien a vous ordonner pour Paris.

Gérard reprit avec un accent de supplication: Rien, madame, rien?

— Non, rien. Et ces deux mots furent horriblement secs et froids.

— Nous nous verrons cet hiver? demanda le marquis de Lucheux; je compte sur vous, j'ai besoin de vous, mon cher collaborateur; ma collection s'est fort augmentée depuis votre départ, et Dieu sait dans quel état de désordre elle se trouve. Votre science me sera très-utile pour le classement et les annotations. Je puis compter sur vous, n'est-ce pas?

— Si je suis à Paris cet hiver, et cela tient à une circonstance indépendante de ma volonté, vous me verrez, avec bien du bonheur, tout à vos ordres, tout à votre disposition. Demain je partirai de fort bonne heure; je vous fais donc mes adieux pour peu de temps.

Il hésita quelques secondes; et, regardant la marquise de Lucheux, il ajouta:

— Peut-être pour bien longtemps!

La marquise de Lucheux ne mit, ni dans sa voix, ni dans son regard, ni dans son geste, aucun adoucissement à la froideur d'un adieu officiel. Gérard la quitta profondément désespéré, et toute sa nuit se passa à parcourir à grands pas l'allée de marronniers, d'où il pouvait embrasser le château d'un seul coup d'œil.

Quand les premières lueurs du matin vinrent à paraître, il commença ses préparatifs de départ; puis, les ayant achevés, il écrivit à madame de Lucheux une lettre qu'il fit porter à sa femme de chambre.

« Je serai parti, madame, quand vous rece-
« vrez cette lettre, et je serai parti plus déses-
« péré que le jour où, il y a cinq ans, je quit-
« tai la France, emportant du moins un espoir
« qui ne devait jamais se réaliser complète-
« ment. Vous avez été bien cruelle, Julie; je
« ne méritais pas un si rude traitement. Je vous
« aime de toutes les puissances de mon âme,
« avec tous les dévouements de ma vie; je vous
« aime, et vous êtes pour moi ma croyance
« par-dessus toutes les autres croyances. Vou-
« drez-vous me la ravir? elle m'a si longtemps
« consolée.

« Encore une fois, cet hiver vous recevrez
« une lettre de moi; elle vous demandera le
« retour de vos affections. Vous prononcerez
« alors, et, quelle que soit votre décision, vous
« serez obéie.

« Adieu, adieu. Vous m'avez fait un mal
« profond, vous m'avez causé une peine hor-
« rible à supporter. Je vous pardonne tout

« cela ; mon amour n'en est point altéré ; un
« mot de vous peut lui rendre plus qu'il n'a
« perdu. »

La voiture fut attelée à six heures du matin ; Gérard, avant de partir, chercha du regard si quelque croisée ne s'ouvrirait point pour lui envoyer un adieu tardif ; mais le château demeura enseveli dans le plus profond repos. M. de Chenevières seul vint serrer la main du voyageur. Les chevaux, excités par le postillon, s'élancèrent à travers des flots de poussière, et tout fut dit.

Désillusionnement.

Transivi, et ecce non erat.
Ps.

XXVII.

Sur un de ces grands fauteuils, si bien perfectionnés, pour la nonchalance ou la rêverie, par la paresse moderne, se trouvait à moitié couché, vers la fin d'une soirée de printemps, un de ces jeunes gens auxquels il serait difficile d'assigner une place dans notre état de société actuel.

L'abandon paresseux du corps de ce jeune homme indiquait, soit une forte préoccupation, soit une absence totale d'occupations intellectuelles, dont la cause eût été expliquée avec peine, car il ne sommeillait pas, et cependant ni ses lèvres, ni ses yeux, n'indiquaient en lui d'agitation ou d'attente.

Les pieds de ce jeune homme s'appuyaient sur un large tabouret, et ses doigts, entre lesquels on voyait un cigare allumé, attendaient, pour accomplir leur mouvement machinal, que la bouche eût laissé partir, pour le plaisir des yeux, la forte dose de fumée qu'elle tenait encore prisonnière.

Le silence le plus complet régnait dans le petit appartement témoin de cette récréation orientale; le bruit des voitures n'arrivait même qu'en roulement monotone, et le soleil, à son déclin, augmentait de ses teintes vaporeuses la mélancolie de ce tableau.

Les minutes et les heures passèrent sans que leur nombre, lentement frappé sur le timbre de la pendule, trouvât le pouvoir de troubler l'immobilité du fumeur si nonchalamment abandonné aux paresses de sa volonté.

La nuit vint, belle, complète, imposante, bleue, toute parsemée d'étoiles, avec sa fraîcheur imprégnée d'un souvenir de la chaleur du jour et des mille parfums enlevés à toutes les plantes de la création. La nuit vint, et l'attitude du fumeur ne changea point.

Les cigares disparaissaient avec une rapidité effrayante.

Qui cependant pourrait rendre compte de ce qui se passait, de ce qui s'était passé dans l'âme de cet homme, quelles douleurs et quels combats il avait rencontrés sur son passage ?

Faudra-t-il compter les traces de vieillesse, les rides qui viennent faire mentir son âge, et ce reste de fraîcheur oublié sur sa figure? Faudra-t-il interroger ces tempes dégarnies de cheveux et l'orbite fatigué de son œil?

Cet homme compte à peine trente années, et déjà le malheur et l'expérience lui ont creusé au cœur de rudes sillons.

Celui qui sondera son être moral, qui anatomisera, qui mettra à nu son âme et tout ce qui s'y trouve enfermé, dira comment il comprend cette tranquille apathie, comment il se rend compte de cette immobilité de sauvage, de cette inoccupation complète.

L'appartement est rempli d'armes, de livres, de dessins; mais ni les armes, ni les livres, ni les dessins n'occupent la pensée du fumeur étendu comme un roi de l'Orient.

Il vient de combattre, il vient de dévorer la plus cruelle des douleurs de sa vie, il vient de voir s'enfuir la plus belle des illusions de sa jeunesse. Aussi depuis près de douze heures est-il muet, sans pensée, sans idée, avec un vague bourdonnement dans la tête, préface terrible de ces maladies morales, à la suite desquelles on se trouve sans âme et sans cœur.

Sur une table placée près de lui, sa main cherche et froisse une petite lettre écrite d'une écriture si fine et si élégante, que l'on dirait, à la voir ainsi rangée et gracieusement penchée sur le papier, une de ces délicieuses broderies, dont les femmes des sérails ornent leurs mouchoirs pendant leurs longues heures d'ennui.

Cette lettre, il l'a attendue longtemps, il l'a désirée de toute l'ardeur de son âme; et, l'ayant enfin reçue, il en a pressé le cachet sur ses lèvres, et l'a ouverte avec une émotion d'enfant qui lui a mis des larmes dans les yeux. Puis il s'est arrêté avant de la lire; il a rassemblé toutes ses forces pour mieux sentir sa joie et son bonheur, et quand enfin cette lettre a été lue, il s'est trouvé que sa joie devait faire une large place à la tristesse, au désespoir.

Il s'est trouvé que la femme, à laquelle il avait confié la garde des plus riantes illusions de sa vie ;

Que la femme, qui avait reçu en dépôt le trésor de son cœur ;

Que la femme, à laquelle il avait dit : Je t'aime, avec toute la sincérité de son âme, lui renvoyait son amour, et le laissait abandonné te malheureux.

Voilà ce qui, depuis le matin, le plonge dans une muette contemplation de cette lettre, dans une immobilité insensée.

Mais tout à coup il se lève, sonne son domestique, s'habille avec promptitude, ordonne des malles, demande des chevaux, et s'apprête à partir.

— Oui, je te reverrai, se dit-il en marchant à pas précipités dans sa chambre. Oui, je te reverrai, ma vieille et douce patrie, ma bonne Allemagne; j'irai de nouveau m'ensevelir en quelqu'une de tes retraites; je tâcherai d'y guérir mon cœur blessé; je goûterai, s'il se peut, la consolation de tes croyances religieuses conservées pures, que cette fatale société parisienne aurait voulu détruire en moi.

Ville maudite, quel arbre de science es-tu donc, que ton fruit soit si amer?

Tu corromps tout ce qui t'approche.

Tu dessèches tous les cœurs.

J'étais venu si jeune, si confiant, si plein d'amour pour assister à tes fêtes!

Hélas! mon Dieu! était-ce une épreuve que vous réserviez à ma triste existence? vouliez-vous me désenchanter des joies et des bonheurs de ce monde?

Me voilà maintenant comme une plante frappée de la foudre.

Mes lèvres ne savent plus les paroles de la prière. Je suis profondément troublé.

L'amour n'a fait que passer en moi; il m'a brisé.

Je croyais avoir trouvé un de ces amours qui ne se rencontrent sur la terre que pour se continuer dans le ciel. Je m'étais trompé, ô mon Dieu!

La femme que j'aimais d'un amour trop grand, sans doute, puisque vous l'avez puni, s'est corrompue dans les plaisirs et les séductions de cette ville infâme. Son amour n'était que coquetterie.

Et Gérard de Stolberg se mit à pleurer amèrement.

Comme minuit sonnait, sa voiture franchit la barrière du Nord. Jamais depuis cette époque, il n'a revu Paris.

FIN DU TOME DEUXIÈME ET DERNIER.

TABLE

DU TOME DEUXIÈME.

Chapitre XII. Amour.	5
— XIII. Curiosité, indiscrétion.	19
— XIV. Cinq ans après.	31
— XV. Conversation.	43
— XVI. Déclaration	69
— XVII. Réponse.	81
— XVIII. Combats, incertitude.	105
— XIX. Départ, arrivée.	127
— XX. Conversations.	137
— XXI. Diplomatie	155
— XXII. Explication.	169
— XXIII. Une course à cheval.	191
— XXIV. Dernier bonheur.	201
— XXV. Dernier combat.	217
— XXVI. Douleur.	231
— XXVII. Désillusionnement	239

FIN DE LA TABLE DU TOME DEUXIÈME.

www.ingramcontent.com/pod-product-compliance
Lightning Source LLC
Chambersburg PA
CBHW060120170426
43198CB00010B/966